■ 教育部人文社会科学青年基金项目"城乡一体化进程中义务教育均等化的理论价值与实现策略研究"（课题编号：09XJC880014）研究成果

■ 吉林省社会科学基金项目"区域内城乡义务教育均等化及相关政策研究"（课题编号：2009B048）研究成果

■ 吉林大学行政学院博士后流动站中期研究成果

教育部人文社会科学重点研究基地基金资助

义务教育
公平指标体系研究

——基于县域内义务教育校际差距的实证分析

安晓敏 ◎ 著

教育科学出版社

·北 京·

出 版 人　所广一
责任编辑　罗永华
版式设计　贾艳凤
责任校对　贾静芳
责任印制　曲凤玲

图书在版编目（CIP）数据

义务教育公平指标体系研究：基于县域内义务教育
校际差距的实证分析／安晓敏著. — 北京：教育科学出
版社，2012.11
　　ISBN 978 - 7 - 5041 - 6991 - 4

　　Ⅰ.①义… 　Ⅱ.①安… 　Ⅲ.①县—义务教育—教育资
源—资源配置—研究—中国 　Ⅳ.①G522.3

　　中国版本图书馆 CIP 数据核字（2012）第 228888 号

义务教育公平指标体系研究——基于县域内义务教育校际差距的实证分析
YIWU JIAOYU GONGPING ZHIBIAO TIXI YANJIU

出版发行　教育科学出版社

社　　址　北京·朝阳区安慧北里安园甲 9 号　　市场部电话　010 - 64989009
邮　　编　100101　　　　　　　　　　　　　　编辑部电话　010 - 64981252
传　　真　010 - 64891796　　　　　　　　　　网　　址　http://www.esph.com.cn

经　　销　各地新华书店
制　　作　北京浩瀚腾飞文化发展有限公司
印　　刷　保定市中画美凯印刷有限公司
开　　本　169 毫米×239 毫米　16 开　　版　　次　2012 年 11 月第 1 版
印　　张　11.25　　　　　　　　　　　　　印　　次　2012 年 11 月第 1 次印刷
字　　数　176 千　　　　　　　　　　　　　定　　价　28.00 元

如有印装质量问题，请到所购图书销售部门联系调换。

目　　录

导　论

大众媒体对教育公平的关注，使它一再成为舆论的焦点，尤其是在每年全国和各地的"两会"上。然而，不能认为教育公平是被媒体"炒"出来的，舆论表达的不过是触目惊心的现实和沸腾的民意。恰恰相反，只有当教育公平不再成为舆论焦点时，才意味着教育公平状况得到了有效的改善。

——杨东平①

一、研究的缘起

追求教育公平是人类社会古老的理念。没有公平的现代化是一种不完整的现代化，没有公平的发展是一种畸形的发展。教育公平问题与我们今天所倡导的全民教育、终身教育、补偿教育等许多教育改革和发展的重要内容息息相关，已成为世界各国政府和人民所关心的重要问题。近年来，教育公平问题的研究一直是一个持续不断的热点问题，从理论研究、政策研究到实证研究，方方面面都有所涉及。然而，尽管应用性的研究在不断升温，对教育公平指标的研究也开始发展，但是，国内现有的对教育公平指标的研究还不够成熟，仅仅处于起步的阶段。因此，正是基于以上理论和现实的需要，本人选取了这一题目作博士学位论文。

---

①杨东平. 中国教育公平的理想和现实 [M]. 北京：北京大学出版社，2006：18.

（一）研究的背景

1. 教育公平研究的现实需要

教育公平不仅是教育问题，也是社会问题，近年来受到了全社会的共同关注。从学术领域来说，在我国教育类权威刊物《教育研究》公布的《2005 中国教育研究前沿与热点问题年度报告》和《2006 中国教育研究前沿与热点问题年度报告》所列举出的十大问题中，教育公平和教育均衡发展问题都位居榜首。从社会领域来说，为了了解公众对我国教育的满意情况，21 世纪教育科学研究院联合搜狐网站，于 2005 年 11 月 10 日到 12 月 8 日在搜狐网的教育频道上进行了一次教育满意度问卷调查。结果显示：公众对教育的总体情况处于低满意度状态，其中，满意度最低的是教育公平。这不仅说明我国的教育不公到了一个非常严重的程度，也说明教育公平问题已经引起了社会各界前所未有的关注。尽管大家对于教育公平问题众说纷纭，但是对于究竟什么是教育公平，我国教育公平处于一种什么样的状况，教育不公的程度到底有多严重等问题，在人们心目中并没有明确的答案，只有一个主观的判断、一个大致的估计。在这种情况下，教育公平指标体系的构建就显得尤为重要，公众和教育决策部门需要一个量化的工具来呈现教育不公的现象，来测量教育不公的程度，来监测教育公平的发展，为我们认识和解决教育公平问题提供一个科学的依据。

2. 对弱势群体的教育关怀到关注教育公平指标的个人心路历程

该论题的选择也是个人兴趣所致。自从进入学术领域以来，笔者一直比较关注教育中的不平等现象，如教育政策的公正、农村教育的改善以及弱势群体教育利益的获得，等等。在这一过程中，笔者越来越强烈地感受到：如果没有一个有效的测量工具，这些问题都只能是泛泛而谈，对现实问题的解决根本起不到实实在在的作用。指标的本质就在于给具体的事物以明确的规定性，当教育理论、教育问题、教育政策尚未转化为相应的指标时，常常是不具体的，而一旦它们用指标来表现时，就必须落在实处。比如，我们研究教育公平，提出要实现教育公平的时候，这个目标本身是不具体的，只有把它落实为指标时，这一目标才体现在与教育公平相关的经费、师资、校舍等具体的标准中，因此，教育公平指标的研究，有助于我们克服传统上仅凭演绎、推理等方式进行研究和决策的缺陷。

3. 国内教育公平指标研究的现状

就目前而言，国内在研究教育公平的专门领域里，主要集中在教育公平理论的探讨和现实问题的呼吁上。近年来，关于教育公平的实证研究有所升温，并提出了较多反映教育公平的指标。然而，现有的对教育公平指标的研究还不够成熟，仅仅处于起步的阶段，尤其是对教育公平指标体系系统的研究更不多见。从教育统计指标上来看，目前教育统计模式的主要维度是教育发展水平、教育资源投入、师资状况等，这些指标基本都是描述性的，明显缺乏教育公平的维度。虽然也有一些分地区、分城乡统计的数据，但这些信息并不系统和完善，无法为教育决策提供依据；从教育现代化指标上看，作为监测我国教育发展水平的指标研究，主要是教育资源投入、教育规模数量、教育效率等方面的总量和人均指标，固然可体现教育发展的总量和人均的增长模式，却也不同程度地存在教育公平维度的缺失。以上这些问题构成了本研究的起点。

（二）研究问题的提出

教育公平是一个关涉多学科、多层面、多因素的复杂问题，当前国内对教育公平问题的研究方方面面都有所涉及，主要集中在理论探究、政策分析和实证研究三个方面。

1. 教育公平理论探究取向

理论可以指导研究，决定信息与资料的收集以及帮助解读资料①。国内对教育公平理论的研究，主要是从理论介绍和现状分析的角度来进行。理论方面的研究主要是关于教育公平概念、内涵和特征的界定以及对西方教育公平理论的介绍等，尽管有一定的借鉴价值和学术意义，但是，教育公平、教育平等、教育机会均等、教育均衡等相关概念之间仍然存在概念不

---

①珍妮·H. 巴兰坦. 教育社会学：一种系统分析法［M］. 朱志勇，范晓慧，译. 南京：江苏教育出版社，2005：17.

清或者概念含糊的现象，对于西方教育公平理论的研究也仅仅处于介绍理论的层面，对其内在联系和理论价值等有关问题却涉及不多。其中，更多的研究则是从西方教育公平的理念出发对我国的教育过程中存在的不公平现状进行分析，如运用罗尔斯的公平原则对教育公平加以规范，运用文化再生产理论来分析我国教育的城乡差异、阶层差异、性别差异等。但是，理论毕竟只是一种指导方针，资料的收集必须运用科学、客观的方法才能检测出对现象所作出的理论解释的有效性和精确性。教育公平理论研究仅仅可对我国教育过程中存在的种种不平等现象有所了解，却不能为该问题的解决提供科学的、客观的依据。

2. 教育公平政策分析取向

目前，学术界对于教育不公平问题的改善和消除，主要是从伦理学、政策学和法学的视角来寻求解决之道。其中，尤以教育政策方面的研究最为集中。教育政策及其实施直接影响教育公平，教育公平政策研究主要是指针对我国教育过程中存在的种种不平等现象提出相关的政策建议，力图通过教育政策和教育决策来不断改善和加以解决。教育公平政策研究使我们认识到了教育政策对于解决教育公平问题的重要性，也在一定程度上给我们指出了教育政策发展的方向。但是，仅仅通过表面呈现出来的现象来进行教育决策，难免有主观臆断之嫌。教育政策的提出不仅要有一定的理论框架作支撑，而且只有建立在科学、系统的评价和实证调查基础之上的政策分析和教育决策才具有更强的说服力以及更大的实施可能性。

3. 教育公平实证研究取向

20 世纪 50 年代以前，教育研究还很少运用客观的标准和方法，最常见的是用奇闻轶事和价值判断来阐明和论证观点，以后重心逐渐转向了经验研究。70 年代早期以后，作为对"宏观理论"忽视互动的回应，一些理论家以系统互动论（systematic interaction）、人种志方法论（ethno methodology）和现象学（phenomenology）为基础，提出要了解教育系统，开辟另外的方法是必要的，至此，实证研究出现并开始占据主流地位。目前，我国对教育公平实证方面的研究还不是太多，主要集中在教育经济学领域和教育社会学领域。一般来说，是指学者们运用单个的测度指标或者系统的指标体系对某一种教育不平等现象进行测量和评估，并分析其存在的问题。教育经济学领域主要是从经济学的视角出发，运用标准差、极差、洛伦兹曲线、变异系数、Gini 系数和 Theil 系数等指标对我国教育资源的配置进行测度，以此来反映我国的教育公平程度，但是仅仅从教育资源配置的角度来评价我国的教育公平状况，显然还不够全面。教育社会学领域对教育公平问题的研究存在两种基本的实证研究范式：地位背景研究范式和知识分层研究范式①。虽然这两种研究范式一直交叉存在，但是，因为它们分别处于不同的学科——教育学和社会学——而较少能有效地沟通，因此，如何更为全面地综合地分析来自社会阶层位置对于教育公平的影响，仍然是研究者面临的一个新的课题。

　　综上所述，目前国内对教育公平问题的研究，从理论研究到政策研究，再到实证研究，虽然方方面面都有所涉及，但是应用性的研究较少，对于具体的监测和评价指标缺少应有的关注。此外，当前国内大多数教育公平指标仅仅提供了教育不平等的统计数据，缺少必要的理论支撑；仅仅描述了教育不平等的现状，缺少必要的价值关注；仅仅重视教育公平指标体系的建构，忽视对教育公平发展进程的报告分析，等等。以上问题促成了笔者选取教育公平指标体系这一论题作为博士学位论文。

二、研究的意义和价值

　　自 20 世纪 90 年代以来，教育公平问题在我国社会各个领域中越来越凸显。过去依靠经验和观察了解教育现象、进行教育决策已经远远不能满足人们的需求，于是，教育公平指标和指标体系开始进入社会公众、教育行政部门和政策决策部门的视野。教育公平指标和指标体系是与政策息息相关的数据，即使它们不是分析教育问题的唯一方法，也通常被当作重要工具运用在宏观教育政策或者建立在实证研究基础上的教育政策上。赫特马基（Hutmacher）认为，统计数据和指标对于平等和公平问题来说是极为重

---

① 刘精明. 国家、社会阶层与教育：教育获得的社会学研究［M］. 北京：中国人民大学出版社，2005：45.

要的，因为它们"对于多样化的经验、关系和过程，提供了更平衡、更全面的描述，而不仅仅是以另外的方式加以理解"①。可以说，统计数据和指标的发展存在于科学研究和政策讨论的交叉领域。尽管统计数据和指标不是决定政策改变的唯一因素，但是有价值的统计数据和指标能够提高讨论的水平，能够帮助公众更有效地实施权利。因此，研究教育公平指标和指标体系对于促进和保障我国教育事业的稳定、均衡发展有着重要的理论价值和应用价值。

（一）研究的理论意义

1. 能够促进教育公平研究的深化

当前我国学术界对于教育公平问题的研究，大多仅限于对西方教育公平理论的介绍以及对我国教育过程中不公平现状的描述，可以说只是看到了表面呈现出来的不公平现象，却没有触及现象背后的深层原因。教育公平指标体系研究，不仅可以深化教育发展理论研究，强化研究的自我反省意识，而且可以促进教育发展研究范式向操作性转换，具有重要的学术意义。比如某省级教育主管部门通过教育统计资料发现，由于师资培养能力不足，中小学教师学历合格率比上年度有所下降，并且已经影响到了义务教育普及的进度和教育教学质量的提高，据此，该部门向上一级主管部门提出加强中小学师资队伍建设的对策措施，该建议很快被采纳并迅速转化为政府决策。此外，目前我国对教育公平指标体系的研究还很不完善，笔者选取该领域的问题进行研究，旨在为弥补同类研究之欠缺尽微薄之力。

2. 能够推动教育公平政策的分析

构建教育公平指标体系，可以为教育公平问题的研究提供科学的、客观的分析工具以及信息依据，有利于更为系统、深入地进行研究。运用教育公平指标体系对我国教育现状进行评价，不仅可以客观、全面地反映我国教育发展的总体状况，而且能够为教育行政部门进行政策分析提供依据。一方面，教育决策部门可以依据评价结果了解当前我国教育过程中存在的

---

①Hutmacher, W. In Pursuit of Equity in Education: Using International Indicator to Compare Equity Polices [M]. Boston: Kluwer Academic Publishers, 2001: 4.

种种问题以及问题产生的根源；另一方面，教育决策部门可以依据评价结果进行教育决策或者进一步修订教育决策，解决教育不公平问题，从而使我国的教育发展能够遵循一个理性的指导。

3. 能够探索新的教育公平指标框架

我国对于教育公平指标体系的研究还仅仅处于起步阶段，国内现有的教育公平指标体系也还不够成熟。有的指标体系过于笼统，严格意义上甚至称不上指标，有待进一步的具体化和操作化；有的指标体系过于简化和单一，不能全面、深刻地反映我国复杂的教育公平现状，有待进一步的改进和扩充。选择这一论题进行研究，除了根据我国的现实国情借鉴传统的系统模式之外，笔者还将尝试开发"主观教育公平指标"，丰富教育公平指标的类型，进一步探索新的教育公平指标体系框架。

（二）研究的应用价值

1. 描述教育公平现象

描述现象是指标最基本的功能之一。在复杂多样的教育公平问题面前，单凭直接经验加以认识已经不太可能。教育公平指标和指标体系的作用在于，它集中了最典型的现象，并使之具有一定的条理性，从而使这一现象清楚地再现，使人们易于理解和把握。通过指标提供的数据资料，可以加深对教育公平问题的了解和研究，为制定教育政策提供信息咨询服务。

2. 监测教育公平状态

教育公平是一个复杂的、多层面的问题，它表现为入学率、师生比、学生家庭背景等多方面的现象，当我们给这些方面规定了明确的质和量的标准时，即制定相应的指标或指标体系时，教育公平状态就可以进行监测了。从某种程度上说，这些指标起到了"预警"作用，使我们能够迅速、准确地了解教育公平现状。通过对教育公平状态的监测，可以及时了解教育发展过程中可能或已经出现的各种问题，并制定政策加以解决。

3. 衡量或比较教育公平状况

教育公平指标和指标体系作为一种尺度和工具，可以用来衡量各个国家和地区的教育公平状况，并与不同的国家和地区进行比较。这种比较小至个人、群体，大至国家、社会，既可以横向比较，也可以纵向比较。通过比较，可以发现教育公平在某一时空的发展变化情况，得出正确结论，也可以分析国家教育公平的利弊得失，找出问题所在，并加以改进。

4. 预测、规划教育公平发展的方向和趋势

指标是教育预测和规划的基础。政策决策部门和教育行政部门可以根据教育公平指标或指标体系对教育公平的发展方向和趋势作出预测，为国家和地方政府在教育发展的宏观规划过程中进行适当的政策调整提供依据。

三、研究方法

教育公平问题及其指标体系的构建具有理论性、复杂性、综合性和多学科的特点，因此，本研究综合采用了以下研究方法。

（一）文献资料法

文献资料法也叫"文献资料研究法"，即利用各种渠道对文献和资料进行合理的收集与应用以获得间接理论知识的一种方法。它是各种类型研究课题都需要采用的方法，是在研究的设计阶段、实施阶段与总结阶段都常常应用的方法。

本研究收集的文献主要包括：一是与教育公平以及教育公平指标体系有关的中英文学术著作和学术论文，用于文献综述和教育公平指标体系构建理论基础的分析；二是教育发展方面的年鉴、人口普查材料等，包括《中国教育年鉴》、《中国教育统计年鉴》、《中国教育经费统计年鉴》等，用于对我国义务教育公平性的实证分析；三是调查资料，包括国内外有代表性的教育发展指标、教育公平指标等，用于编写向专家发放的调查问卷。

（二）德尔斐法

德尔斐法（也叫"专家评议法"），它是利用专家集体智慧确定各因素在评判问题或者决策问题中重要程度系数的一种方法。德尔斐法在 20 世纪

40 年代由 O. 赫尔姆和 N. 达尔克首创，后经过 T. J. 戈尔登和兰德公司进一步发展而成的。德尔斐这一名称起源于古希腊太阳神阿波罗神殿的所在地——德尔斐，传说中太阳神阿波罗具有预见未来的能力。因此，这种预测方法被命名为德尔斐法。1946 年，兰德公司首次研究以德尔斐为代号的调查及策划方法，并用以对有关国防未来发展进行战略策划而得名，后来该方法被广泛采用。

德尔斐法依据系统的程序，选取有关专家若干名，发放相关问题的调查问卷或者意见咨询表，采用匿名发表意见的方式，经过反复征询、归纳、修改，最后汇总成专家基本一致的看法，作为预测的结果。德尔斐法要求所选取参与的专家不仅拥有渊博的专业知识，还要熟悉和掌握所研究问题的全部具体情况。这种方法具有广泛的代表性，较为可靠。

（三）实证研究法

实证研究方法有广义和狭义之分。广义的实证研究方法泛指所有经验型研究方法，如调查研究法、实地研究法、统计分析法等；狭义的实证研究方法是指利用统计和计量分析方法，对活动中的数据信息进行数量分析，考察影响活动各相关因素之间的相互影响强度及其影响方式的研究方法。本研究中采用的就是狭义的实证研究法。迄今为止，狭义的实证研究方法已经成为科学研究中的一种专门方法。

在本研究中，笔者将会运用构建出来的教育公平指标体系，通过对各种相关统计数据的调查分析，来测量我国义务教育阶段区域内学校之间的公平状况。

四、主要研究内容

本研究主要围绕以下几个问题进行讨论。第一章主要是对教育公平理论的梳理，通过对西方具有代表性的几种教育公平理论的总结，不仅从历史的角度了解教育公平理论的发展脉络，而且用多学科的观点分析不同角度的教育公平研究，从而对我国的教育公平理论研究现状提供一个清楚的认识，为教育公平指标体系的构建寻找坚实的理论基础。第二章集中探讨国内外教育公平指标以及指标体系的研究成果，借鉴国际组织研究教育指标的成功经验，分析目前国内教育公平指标以及指标体系研究的缺陷和不足，为构建我国义务教育公平指标体系寻找立足点。第三章在分析我国义务教育公平独特内涵的基础之上，运用德尔斐法构建出适合我国国情的切实可行的义务教育公平指标体系。第四章运用该指标体系对我国义务教育公平状况进行实证研究，由于我国义务教育公平现象的复杂性，以及笔者时间和精力的限制，本研究仅仅对我国义务教育阶段的学校差距进行了实证研究，并对研究结果进行分析评论。

针对以上问题，笔者提出了以下几个主要观点。

（一）教育公平的关注点应从宏观走向微观，从群体走向个体

国内大多数学者对于教育公平问题的研究，更多地倾向于"平等"的概念，即不同民族、性别、社会阶层等群体之间，在受教育机会、条件和学业成就等方面的平均分布所达到的统计上的一致性。尽管有些学者使用了"公平"的概念，但在其研究中关注的仍然是群体之间的不平等问题。事实上，公平的含义比平等更丰富，它不仅关注群体的一致性问题，而且关注每一个个体的成功机会。此外，目前国内的研究，大多是从宏观的角度对我国教育不公现状进行分析和论述，如城乡之间、区域之间的教育差距问题，而很少从学校之间、受教育个体之间的差距出发来考虑教育公平问题，以至于微观个体的不公平往往湮没了宏观的教育的不公平。现代教育是个性化的教育、多样化的教育，只有让每个个体都能接受适合他们自己的教育，才能实现真正的教育公平。所以说，在本研究中，笔者试图从受教育者个体出发，在学校层面上构建我国的义务教育公平指标体系。

（二）教育公平指标体系应以客观指标为主，主观指标为辅

教育指标在测量方法上，可能是客观的，也可能是主观的。国内现有的教育公平指标体系无一例外全是客观的。毋庸置疑，对于研究者来说，无论是指标的设计还是操作，客观指标都比主观指标相对容易得多。但是，教育领域中存在许多不能量化或不能科学化的现象和问题，单凭客观指标往往不能反映教育发展的真实面貌，也不能直接反映现象背后的深层原因以及人们的主观感受。所以说，要想充分了解教育的主观和客观现象及其

关系，最好同时开发两类指标。当然，在指标体系发展的初期阶段，仍然以选取客观指标为宜。在本研究中，笔者在构建我国义务教育公平指标体系的时候，选取学生对所受教育的满意程度作为主观指标，帮助人们从主观上认识问题。

（三）应通过教育公平来促进社会公平

对于教育公平和社会公平之间的关系，传统的观点认为，教育公平是社会公平的一部分，教育的不公平根源于社会的不公平，要想实现教育公平，首先要实现社会的公平。这样一来，就陷入了逻辑上的误区，走入了一个死胡同。事实上，每个人一生下来，就存在天赋、出身、种族和性别等天然的差异，而教育公平的理想就是通过教育来克服这些先天的不平等，使每个个体都能够取得相对平等的社会成就。也就是说，要通过教育制度来补偿家庭经济条件、父母亲社会地位和受教育水平、所处的地理位置等方面的差异，使这些外在因素不会或较少地影响到个体成功的机会，使个体的天赋、努力和主动性等内在因素成为影响人们不同业绩的主要原因，从而对社会制度产生影响。所以说，教育公平和社会公平之间是互相促进的关系，社会公平可以促进教育公平，教育公平同样也可以对社会公平产生影响。目前，在我国义务教育阶段，政府制定和调整教育政策和教育制度，对社会弱势群体加以倾斜和补偿，通过教育公平来促进社会公平，不失为一种有效的途径。

第 一 章

教育公平的理论审视

当所有人，不管有没有地位、财富，属不属于特权群体，不管他们的性别、少数族群的地位或社会阶级背景，都有平等的机会在社会中获得较高的社会经济地位，这时机会均等才存在，这就要求在个人成功道路上排除诸如偏见、无知和能治愈的受损等障碍。

——加德纳（Gardner）①

一、"教育机会均等"的概念演进

从学理上来说，公平与平等是两个既相互联系又相互区别的概念。平等是指人们在社会地位、权利和利益分配等方面的相同状态，是对于一种事实关系的客观描述，具有客观性；公平是人们对利益分配的一种价值认识和评价，是人们对一定社会关系和社会事实的认定和评价，具有主观性。通俗地来理解，如果说平等是对一种客观事实关系的描述的话，公平就是在这种客观事实描述的基础上加入了自己的主观感受，或者说对于这种客观事实赋予了一种价值取向。教育公平和教育平等在内涵上有着很大的一致性，"教育平等"在英文文献中更多出现在 20 世纪六七十年代，即教育机会均等的运动时期，而"教育公平"更多地运用于 20 世纪 80 年代以后，

———————————

①珍妮·H. 巴兰坦. 教育社会学：一种系统分析法［M］. 朱志勇，范晓慧，译. 南京：江苏教育出版社，2005：62.

这反映出在该问题研究过程中的不同认识和看法。

从历史上看，"平等"的观念可以上溯到两千年前。孔子在《论语》中提出的"有教无类"思想，古希腊雅典的公民教育隐含了民主教育的思想，在柏拉图的《理想国》这本专著中也已经有了开放式社会和自由教育的思想。17 世纪捷克教育家夸美纽斯提出"人人都应该知道关于人的一切事项"。18 世纪法国启蒙思想家更是基于"天赋人权"的思想赋予"教育平等"以"人权"的意义。18 世纪末期，教育平等的思想开始在一些西方国家（美、法等国）转化为最初的立法措施，直至西方资产阶级大革命，终于在法律上否定了特权，确认人人都有受教育的平等权利。19 世纪下半叶西方工业化国家实施初等义务教育，这可以看作是教育平等思想转化为实践的重要标志。

在很长一段时期内，教育不平等主要表现为受教育权利的不平等，而进入 20 世纪后，则主要表现为受教育机会的不均等①。"二战"以后，教育平等观开始具体化为教育机会均等的概念。1946 年 3 月，国际教育局举行第九届一次会议，会中把"中等教育入学机会均等"列入议程。1948 年 12 月 10 日联合国大会通过了《世界人权宣言》，标志着教育平等成为一个国际性的教育政策和教育研究主题。在《世界人权宣言》中特别提出了两项原则：一是废除种族歧视；二是人人具有均等地受教育的权利。这两项原则被联合国大会采用并构成了"教育机会均等"概念的核心。《世界人权宣言》的通过，"受教育权"被普遍地确认为一项人权。1959 年第 14 届联合国大会通过了《儿童权利宣言》，进一步确认了儿童的教育权益，这标志着教育权利平等在全球的实现。1960 年 12 月，联合国教科文组织主要从"消除歧视"和"消除不均等"的具体要求出发阐述了教育机会均等的概念，这里的"歧视"指的是：基于种族、民族、肤色、性别、语言、宗教、政治、社会出身、家庭背景等之上的任何差别，排斥、限制他人或给予某些人以优先权，其目的在于取消或减弱教育中的均等对待；"不均等"是指：在某些地区之间和团体之间所存在的不是故意造成的，也不是因偏见形成的差别对待。此后，教育机会均等问题逐渐成为世界各国教育研究和教育改革最关注的问题之一。

---

①马和民．新编教育社会学［M］．上海：华东师范大学出版社，2002：330－332．

教育机会均等作为教育民主化的重要内容，作为教育改革与发展的基本方向和目标，一直受到世界各国的广泛关注。然而，在教育改革与发展的过程中，教育机会均等的含义也随之不断变化，并在实践中不断深化。作为一个教育发展的历史范畴，正确理解教育机会均等的含义，系统了解教育机会均等概念的演进过程，对于进一步深化教育机会均等问题的研究，具有十分重要的意义。

20 世纪 50 年代以来，西方各国学者开始进行了大规模的实证调查，以求了解教育机会均等在教育领域中的现状以及存在的问题。综观教育改革与发展的历史，世界各国教育领域的许多学者对于教育机会均等的理论和实践问题都发表过各种看法，并且，还从不同角度对历史上关于教育机会均等的理论和观点进行了整理和分析。在欧美国家，研究教育平等的文献不胜枚举，其中，因其翔实的资料收集和分析、对不平等现象深刻的理解以及导致争论的影响力，詹姆斯·S. 科尔曼（Coleman, James S.）撰写的科尔曼报告、托尔斯顿·胡森（Torsten Husen）提出的教育机会平等观和克里斯托夫·詹克斯（Christopher Jencks）对不平等现象所作的研究最为典型。

（一）科尔曼报告

1964 年，美国国会在《民权法》第四条中提出，要对公共教育各个层次作出专门的调查，调查不同种族、肤色、宗教等族群的平等教育机会问题，以便形成有针对性的公共政策。1966 年，霍普金斯大学的社会学教授科尔曼授权执行，调查了美国 4000 所学校的 64 万名学生。根据这次调查，科尔曼向国会递交了《教育机会均等的观念》报告，该报告后来被公认为 20 世纪社会问题研究的最重要报告之一，简称"科尔曼报告"。资助这次调查的美国卫生、教育和福利部下设的教育局，以及科尔曼本人期望通过这次调查力图了解白人和黑人在学校中教育资源分配巨大不均所达到的实际程度[1]。他们将有关学校的调查主要分为种族隔离情况、设施和师资情况、学生的学习成就、与成就有关的学校特征因素等四大部分；调查对象分为学区管理者、学校校长、教师、学生；调查工具为问卷和标准化测试。其

①马晓强．"科尔曼报告"述评［J］．教育研究．2006（6）．

中，标准化测试的对象为1、3、6、9和12年级的学生。他们还依据种族类型，将学生划分为黑人、美洲印第安人、亚裔、波多黎各人、墨西哥人和白人等六类，根据分析统计各类学生在上述调查内容方面的现状及差异。

科尔曼报告的一个重要发现是学校的物质条件并不是决定学生学业成就的核心因素，学生的家庭背景对其学业成就有着显著影响，学校的作用在于帮助学生克服其出身不平等所带来的学业进步障碍。科尔曼报告指出，美国公立学校中存在着严重的种族隔离问题，黑人学校和白人学校在校舍设施和教师工资等有形条件上的差距，并不像以前想得那么大。造成黑人和其他弱势少数族裔儿童学习水平低的原因，不是学校的物质条件，而是他们缺乏一种改变和控制自己前途的自信。而影响这种自信的原因，不在于他们自身，而在于家庭和社会——贫困、家长的教育水平以及其他环境因素。科尔曼报告就影响白人学校学生学业成就差异因素的重要性进行了排序，其中最重要的因素是社会经济背景差异，其次是教师素质的差异，而设备和课程的差异是最不重要的因素。该重要性因素排序与黑人学校相同①。这一研究结论促使科尔曼提出了整合学校的建议，即将少数族群学生和白人学生安置在一起以此来创造成功的教育环境，提供教育角色的榜样。科尔曼报告使教育平等问题被提高到改造社会的整体目标上，为后来美国普遍实行"平权法案"铺平了道路。公共教育事业大幅度向弱势人群倾斜，在中小学强制性"黑白合校"的同时，大学招生、政府机关雇用和提升等方面，普遍实行倾斜政策，照顾黑人和其他弱势人群，并被称为"为了平等的反歧视"。

科尔曼报告的另一个突出贡献是重新界定了教育机会均等的内涵。为了明确教育机会平等的内涵，科尔曼给出了五种不同的界定：对学生资源投入的平等；能力相当的学生在产出或学业成就上的平等；来自不同背景的学生学业成就上的平等（学校须为劣势群体的学生作出补偿性安排）；取消种族隔离——同时认定教育上的种族隔离在本质上即为不平等；平等的教育环境，测量的指标包括校风和教育质量②。科尔曼认为，教育机会均等不能仅仅局限于靠平等的投入，如平等的教育支出、教师和设备等来衡量，

---

①珍妮·H. 巴兰坦. 教育社会学：一种系统分析法［M］. 朱志勇，范晓慧，译. 南京：江苏教育出版社，2005：90.

②莫琳·T. 哈里楠. 教育社会学手册［M］. 上海：华东师范大学出版社，2004：99.

而应将关注的重心转到独立于家庭背景的学生学业成就。学校的成功只能从它减少学生对他们社会出身的机会依赖上来评价，教育机会不均等不仅仅意味着资源均等，而且意味着学校的效益均等。

科尔曼还提出了教育平等的四条标准，反映了教育平等观念的历史进程。（1）进入教育系统的机会均等，这是指社会应向人们提供某一规定水平的免费教育，即为所有儿童，不论背景，提供进入同样学校学习共同课程的机会；（2）参与教育的机会均等，即不同社会出身的组别，有相同比例的人数，能够得到同样的教育机会，并且在质和量上都得到相等的教育参与；（3）教育结果均等，这是指不同的社会群体都有一定比例的人，从每学年的教育进程和整体的教育经验中得到相似的教育成效；（4）教育对生活前景机会的影响均等，指的是通过教育来克服人的出身、性别等自然不平等和社会经济等方面的差别，取得相近的社会成就①。其中，他提出的教育结果平等的思想，把教育公平研究从学校投入资源的均等转向学校结果的均等，具有根本变革的意义。

（二）胡森的教育机会均等观

瑞典教育家托尔斯顿·胡森教授对教育平等的理论和发展过程进行了系统的整理，并在一份权威性的研究报告中指出，教育机会均等概念的演变过程分为三个阶段，并且每一个阶段都有一种相应的社会哲学思想作为它的背景②。

1. 保守主义阶段

该阶段主张上帝使所有的人具有不同的能力，而尽可能充分地利用这种能力则是个人自己的事情。这种理解在工业国直到第一次世界大战结束之前始终占有主导地位。在保守主义学派中，还有右派和左派的不同倾向。保守主义右派认为，上帝赋予每个人的能力与天赋与所属的社会等级或社会阶级是一致的，即能力与社会等级同样都是遗传的。保守主义左派则不

---

①袁振国. 论中国教育政策的转变：对我国重点中学平等与效益的个案研究［M］. 广州：广东教育出版社，1999：67 – 69.

②托尔斯顿·胡森. 平等——学校和社会政策的目标［G］//张人杰. 国外教育社会学基本文选. 上海：华东师范大学出版社，1889：193 – 215.

把出身所属的阶级与能力挂钩，认为重要的是在群众中寻觅天赋很高的人才，以便使国家的经济得到最大的发展，也使那些被发现的人才享有盛誉。这也是英才治国理论的主要根据。这一阶段的均等观首先考虑的是经济的合理性，用经济的不平等取代了身份地位的不平等，是保证经济发展的均等观。当然，用效率均等论取代等级均等论是历史的进步，但这种进步只不过停留在让人接受不平等教育的阶段而已。

2. 自由主义阶段

该阶段主张每个儿童从出生起就具有某些智力上的天赋或某些较为稳定的能力，教育系统的重要功能就是消除经济或社会等外部障碍，这些障碍阻碍着出身低微但有才能的学生取得好成绩，也阻碍着他们行使理应得到的升迁性社会流动的权利，强调在策略上采取各种补救措施，以使每个具有不同天赋和能力并有不同需要的人都能在教育中取得学业成就均等的机会。这一观点认为，通过把教育延伸到更高一级水平，并使义务教育方面的差别有所缩小和统一性更强，以及使教育向各社会阶层的儿童开放，可以消除因贫困和远离学校而形成的障碍。这一阶段的均等观是强调社会稳定的政治平等观，以社会公平为价值尺度，为所有适龄儿童接受共同的基础教育提供了保证。但是，这一理论观点忽视了现实社会中的巨大差异，对所有儿童实施同样的教育方法反而可能会剥夺那些处于不同社会和家庭背景中儿童的选择机会，形成事实上的不平等。

3. 新概念阶段

这一阶段的新观点表现在两个方面：第一方面，自由主义阶段的教育平等概念是主张通过延长普及教育的年限来缩小社会差别，如果可能的话，把教育的筛选推迟到大学阶段。而新观点则主张通过提前改善教育条件来缩小差别；第二方面，自由主义学派认为，实现教育平等重要的是消除教育系统以外的障碍，从而使每个儿童所具有的天赋的能力得到和谐的发展，换句话说，即学生学业成败首先要归因于学生自己。而新观点则认为学生在学业上的成功正像失败一样，主要应归因于学校状况尤其是教学的组织。社会不仅要为处于不利地位的儿童提供平等的受教育机会，而且要为他们提供补偿的措施。这一阶段的均等观以承认个体差异为前提，强调应向每个儿童提供其天赋得以充分发展的机会，使他们"取得学业成功的机会"均等。这种均等观实质上是以人为本的均等观，尽管具有"乌托邦"式的理想化倾向，但对于今后世界各国的教育改革将会给予诸多的启示。

胡森个人认为，就个体而言，教育平等可以有三个方面的含义：（1）个体的起点平等，指每个人都有不受任何歧视地开始其学习生涯的机会；（2）中介性阶段的平等，指的是以各种不同但都以平等为基础的方式来对待每一个人，不论其所属人种、阶级和社会出身等情况；（3）个体最终目标的平等，指学业成就上的平等，也可以认为是上述三个方面综合的平等①。胡森还指出，教育平等不仅指学校之间的平等，还指学生之间的平等。教育平等不仅是指各个学校的入学机会对于所有的学生来说都是平等的，而且是指各个学校的效能是相当的，从而使不同社会出身的儿童在起点上的差别得以消除。真正的平等应该使每个儿童都有相同的机会得到不同方式的对待，在教学上必须区别对待。

（三）詹克斯对不平等的研究

克里斯托夫·詹克斯的研究对通过学校来获取教育机会均等的问题提出了质疑。詹克斯和他的同事重新分析了科尔曼报告的资料和许多其他数据组合，他们指出没有证据表明学校改革能够使校外产生重要的社会变化。詹克斯在1972年出版了《不平等：对美国家庭与学校教育影响的再评价》一书，他的研究在美国社会引起了强烈的反响，并由此引发了许多关于"非学校影响"的研究。詹克斯在该书中通过大量数据的实证研究表明：受教育机会、取得的学历、职业地位、所得收入、职业满足感在不同阶级和种族中呈现不平等的分布状况，而造成这种不平等分布的主要原因在于家庭背景中的环境和遗传因素以及学校外因素。詹克斯认为，即使少数族群学生和白人学生之间的学业成绩差距有所缩小，但成人之间的经济不平等依然存在。学校不能改变学生毕业后的社会地位，甚至学校改革和补偿性教育计划对于改变成人之间的差异也没有实质性的作用。当然，詹克斯并没有否认学校对于每一个人的重要性，他只是认为学校不能解决社会问题，不能实现社会以及经济上的平等。与科尔曼一样，詹克斯也认为学生的学

---

①翁文艳. 教育公平与学校选择制度［M］. 北京：北京师范大学出版社，2003：8.

业成就取决于一个重要因素——他们的家庭背景以及对待教育的态度①。詹克斯在研究中通过数据分析发现，约48%的个体职业地位和15% – 35%的个体间收入差距是源于家庭背景，而受教育程度和家庭的地位是紧密联系在一起的。

相对于科尔曼和胡森从教育平等的角度出发来思考教育公平问题，詹克斯主要是从教育不公的主要表现形式来理解教育公平的概念，在《不平等：对美国家庭与学校教育影响的再评价》一书中，詹克斯列出了三个结论。（1）教育资源的不均等。不同的个人之间与不同群体之间，所获得的国家教育资源十分不均等。（2）学生入学机会的不均等。进入低成本学校的人（初等与中等教育）比进入高成本学校的人（学前与高等教育）更为符合均等的原则。（3）学生选择课程的机会不均等。即使所有的教育都免费，也不足以让人们实际受教育的机会达到均等。这反映了詹克斯对于教育公平概念的认识，其中，第三个论点告诉人们，教育平等不只是入学机会均等而已，教育的本质、特性以及学校教育在社会制度中扮演的角色与独特的功能，才是教育机会均等所应重视的课题。

詹克斯认为导致教育不公的原因在于现代公共教育制度中的官僚制对教育过分计划化的问题，使教育失去了自由发展的活力。理想的学校制度，应致力于探究如何提供多种多样的教育以适应儿童与家长的期望与需求，并使学校成为适合每一个儿童身心发展特点的有效组织。因此，詹克斯以对现行公共教育制度的批判为前提，提倡一种"教育凭证制度"（voucher plan）②。与米尔顿·弗里德曼（Milton Friedman）③ 提出的无限制的凭证制度不同，詹克斯从保障处境不利群体的利益出发，提出了一种有限制的教育凭证制度，也被称为补偿教育凭证制度。从教育制度方面看，这个制度有利于公立和私立学校的多样化和分权化；从家长和儿童的受教育权利看，这个制度有利于扩大受教育者对教育选择的权利。后来以詹克斯的教育凭证制度为依据制订的学校改革计划在加利福尼亚州阿拉姆洛克区进行了实

---

①珍妮·H. 巴兰坦. 教育社会学：一种系统分析法 [M]. 朱志勇，范晓慧，译. 南京：江苏教育出版社，2005：91.

②翁文艳. 教育公平与学校选择制度 [M]. 北京：北京师范大学出版社，2003：48 – 50.

③最早提出教育凭证制度的是弗里德曼。弗里德曼的教育凭证制度是一种开放的、全无限制的凭证制度。富人和穷人一样都可以得到凭证，它允许家长在公私立学校之间进行选择，也允许家长在教育凭证金额上自行添补以缴纳学费。这一点引起了很大争议。

验，并取得令人满意的效果。詹克斯的研究打破了传统的以主流文化为中心追求单一升学标准的教育平等理念，倡导了一种以多样化教育并重的、"选择"的教育平等理念。他提出的教育凭证等学校选择制度有可能成为扩大教育机会均等的方式之一。

（四）国内学者的研究

公平是一个内涵丰富的、最能引起争议的历史范畴，不同的社会、不同的阶级、不同的人，对公平的理解都不相同。对于封建帝王来说，"普天之下，莫非王土，率土之滨，莫非王臣"是公平的，而对于农民起义军来说，"等贵贱，均贫富"才是公平的。所以说，公平是相对的，关于公平的观念不仅因时因地而变，甚至因人而变。然而，教育公平是教育民主化的一个重要方面，追求教育公平是人类社会历史发展的必然，也是现代人类教育发展的趋势。近年来，尽管国内学者关于教育公平问题的研究越来越多，但系统的、专门的论文和著作并不多；尽管就不同角度讨论教育公平问题的文献很多，但却很少从理论上对教育公平这一概念进行明确的界定。大多数学者在研究中虽然使用的是"公平"这个概念，但却仍然关注的是群体之间的"不平等"问题，例如，对社会弱势群体在教育中不平等问题的研究，就是通过考察这些群体与社会中相对应的非弱势群体在受教育机会、条件、学业成绩等方面差异的显著程度，来研究现存的不平等。这说明他们只看到了二者之间的一致性，却没有意识到二者在概念内涵上的本质区别。

在一般意义上，所谓"教育机会均等"，指的是每一个社会成员在自然、社会或文化方面的不利条件均可以在教育中得到补偿。每一个社会成员，不论其种族、性别、宗教信仰、经济地位和政治地位等方面有什么不同，都可以享受同等的接受教育的机会。主要表现为：（1）每个社会成员都享有同等的机会接受最基本的教育，即共同性的义务教育，又称国民教育；（2）每个社会成员都享有同等的机会接受符合其发展能力的教育，即非共同性的教育，又称"人才教育"；（3）向身心有缺陷的儿童提供符合其能力特征的教育，即特殊教育①。除了对于教育机会均等作出各种规定之外，许多学者还从不同角度对教育机会均等的含义作出了各种解释。有的认为"教育机会均等"作为教育社会学研究中经典性课题之一、教育发展和改革的目标之一，其含义为：（1）入学机会均等，或入学不受歧视；（2）受教育过程中的机会均等；（3）取得学业成功的机会均等，标志是社会保证每个社群的子女在各级各类教育中所占的比重，与其家长在总人口中所占的比率大致相等②。有的则是从受教育权利方面理解教育平等，认为教育机会均等的实质应该是一种所有人的基本权利的均等，其理论与实践应该具有两个基本特征：一是这些基本的权利必须是以整个社会中具有享受和行使这些基本权利的最低条件的社会群体和人口的基本状况为依据；二是由于教育机会均等属于社会中人们的基本权利，因此，这些基本权利主要应该是国家和整个社会来保证的基本权利③。有的把教育平等等同于教育机会均等，认为二者含义相差不大，有很大的一致性④。还有的认为教育平等观分为同质的平等观和差异的平等观⑤。其中，同质的平等观是指一种"无差别"、"同一"或"等同"的状态或结果，它代表了原始的平等；而差异的平等观是指按照同一标准协调事物之间大小、多寡、高低以及其他差别的原则或者过程，它代表着真正的、理想的平等，只有贯彻差异的平等观才可能达到真正的教育平等。

教育机会均等的概念是一个历史范畴，其内涵是丰富的和不断变化的。尽管每个学者的观点不尽相同，但是通常认为，教育机会均等应包括三个不同的阶段，即受教育起点的均等、受教育过程的均等和受教育结果的均等。其中，起点的平等是指入学机会的均等，也就是说所有的社会成员都拥有接受教育的权利；过程的平等是指个人或群体参与同一性质和质量教育的机会平等，也就是说，光有入学机会的平等是远远不够的，每个个体

①中国大百科全书总编辑委员会. 中国大百科全书·社会学卷［M］. 北京：中国大百科全书出版社，1991：116.

②顾明远. 教育大辞典·教育哲学卷［M］. 上海：上海教育出版社，1992：100.

③谢维和. 教育活动的社会学分析——一种教育社会学的研究［M］. 北京：教育科学出版社，2000：324–326.

④袁振国. 论中国教育政策的转变：对我国重点中学平等与效益的个案研究［M］. 广州：广东教育出版社，1999：4.

⑤刘复兴. 教育政策的价值分析［M］. 北京：教育科学出版社，2003：123.

在受教育过程中应该享有教学内容、教育经费、教育设备、师资水平等方面相对平等的学习条件并且受到平等对待；结果的平等是一种实质性的、目标层次的平等，最终体现为获得学业成功的机会平等。目前，在我国的教育现实中，尽管改革开放以来，我国教育平等的整体水平有了显著提高，基本普及了九年义务教育，学生的受教育权利得到了前所未有的尊重，教育条件和教育质量也有了较大提高。但是，与此同时，在城市和乡村、不同地区、不同性别、不同民族、不同阶层和人群之间仍然存在着严重的教育差距，这是我国的基本国情。这些现实说明，在理论和法律上对于教育平等权利进行研究和确认并不等于教育机会均等在现实中的真正实现，教育公平仍然是我国教育发展追求的重要目标之一。

现代社会为教育机会均等提供了坚实的现实依据，可以说，教育现代化的实际进程直接促成了教育机会均等的实现。在教育机会均等的理解方面，我们应该把它与平均主义的绝对均等和自由主义的机会放任加以区分①。一方面，现代意义上的教育机会均等不同于平均主义的教育机会绝对均等。现代意义上的教育机会均等在肯定了个体之间的平等并为每个社会成员提供基本的发展机会的前提下，看到了个体之间所具有的发展潜力的不同，因而又为不同个体在教育机会方面留出了不同的发展空间。而平均主义的教育机会绝对均等观念则过于强调每个个体所拥有的平等权利，忽视了个体之间存在的差异以及个体所拥有的自由权利，从而主张按照数量上的平均份额将教育机会均等地分摊给每一个人。"主张所有人在或应在一切方面平等，就像主张一切皆不变或不应变一样错误和愚蠢。"② 因此，在现代社会中，教育机会均等具有现实可行性，但平均主义的教育机会绝对均等的观念却是行不通的。另一方面，现代意义上的教育机会均等也不同于自由主义的机会放任观念。在自由主义者看来，要达到平等，只能失去自由，而自由又比平等更为可贵，即使要牺牲平等来换取自由，他们也在所不惜。他们认为，人类在事实上就是不平等的，如何强求人类的教育机会平等呢？事实上，平等并不等于把大家拉平，并不要求每个人完全一样，另外，平等既是一种价值判断，也是一种价值诉求，我们并不能以人类事

---

①李江源，王蜜.论教育机会均等 [J]. 河北师范大学学报（教科版），2007（4）.
②涅崇信，朱秀贤.论民主 [M]. 北京：商务印书馆，2004：257.

实上的不平等来否定人类应该平等的理想和追求。

总之，没有绝对的公平，公平是相对的，是不断发展的。由于社会经济发展的现实原因，加之教育资源还很有限，目前让所有的公民在教育的所有阶段都能实现教育平等，还只是一个美好的设想。只要存在社会阶层和社会经济地位的分化，教育机会和教育结果都难以做到完全平等，这是必须承认的现实。我们所追求的目标就是为所有的社会个体争取同等的受教育机会，让个人的天赋、努力和主动性等自身的内在条件（而不是社会地位、家庭背景、种族和性别等外在条件）成为导致人与人之间经济成就不同的主要原因。

资料 1.1

怎样正确认识我国的教育机会不均等

我国现阶段的教育机会不均等是客观存在的，不应否认，更不应忽视。我们应以马克思主义平等观为基础，正确认识我国的教育机会不均等。

1. 我国处于社会主义市场经济阶段，发展多种经济成分，实行多种分配方式。劳动者之间富裕和文化程度的差异，不可避免地会造成人们受教育机会的差别。当社会生产力还没有发展到足以保证全体社会成员平等地接受教育的程度时，一部分人受教育的机会是以另一部分人失去受教育机会为代价的。"在共产主义第一阶段还不能做到公平和平等，富裕的程度还会不同，而不同就是不平等。"不过，我国教育机会不均等的现象是发生在劳动者内部，属于社会主义教育民主化不发达的状态，同资本主义的教育机会不均等有着本质的区别。

2. 所谓的均等，是指机会的均等，而非结果的均等。"社会主义者说平等，一向是指社会的平等，社会地位的平等，决不是指每个人的体力和智力的平等。""至于规定人在力气和能力（肉体和精神）上的平等，社会主义者连想都没想过。"

3. 教育机会均等只是一个相对的目标，而非绝对的目标。20 世纪 60 年代以后，国际社会逐渐形成了一个更接近实际的教育机会均等概念，即教育机会均等只是一个相对近似的概念。因此，从这个意义上来说，讨论我国的教育机会均等，不仅应从"静态"的一面看，还应从"动态"的一面看。比较解放前后近50年的历史，可以发现，我国儿童的入学率与巩固率有了天翻地覆的变化。例如，1949年，7－11周岁儿童入学率不足20%；1992年已经达到97.95%。故从总体上看，我国教育机会在近50年的历史中呈现均等化的趋势。

资料来源：马和民. 新编教育社会学 ［M］. 上海：华东师范大学出版社，2002：336.

二、西方教育公平理论流派

从社会哲学流派来看，不同时期确定的教育公平原则背后都有着特定的社会哲学作为认识前提，是社会哲学在教育领域的具体表现。不同的教育公平观反映了不同的哲学观，在现代教育公平理论中并没有一种单一的、占据统治地位的理论。有的学者强调实证研究，有的推崇人文取向；有的注重宏观问题，有的强调微观研究；有的关注平衡与稳定，有的主张冲突与变迁。这些不同的选择代表了不同的理论视角，也决定了对教育公平问题研究内容、研究方法以及解决方式的不同选择。

（一）功能主义理论

功能主义又称结构功能主义，是社会学和文化人类学领域特别重要的一种理论取向。功能主义起源于19世纪英国社会理论家斯宾塞学说，斯宾塞（Spencer）从生物学领域获取认识，他认为，生物体的各个系统发挥着不同的生存功能，尽管有些物种可能有着结构差异很大的器官，但这些器官却满足相同的生存需要。社会就像一个生物有机体，其组成的每一个"器官"都对社会的生存和维持发挥着正面的作用。社会和社会中的机构，如教育，是由相互依存的不同部分所构成，它们对整个社会的运作都有其必要的功能。正如心脏和大脑是人生存的必需器官一样，教育系统也是社会存在的必需品。

涂尔干（Durkheim）是功能主义关键性的、最有影响的奠基人之一，他的观点主要集中于社会及其机构之间的相互依赖关系。涂尔干提出必须从"社会事实"（social facts）入手解释社会现象，这种社会事实不仅独立于个体而且对个体有强制性的作用。那么，独立于个体的社会事实如何获得解释呢？涂尔干认为，社会事实可以通过它们在社会中所满足的功能加以解释①。涂尔干发现教育在不同时代、不同地方呈现的形式也各不相同，他指出，我们不能将教育系统从社会中割裂开来，因为它们彼此相互依存和促进。在涂尔干看来，教育的主要功能不是发展个人的能力和潜能，而是发展社会所需的能力。教育的一般功能是激发儿童具有一些他所隶属的社会团体认为所有成员都应该具有的肉体或心灵状态，使个体社会化和人性化。在这里，涂尔干强调为维持社会稳定而进行价值观传递，但没有考虑到这种稳定与工业社会改革所需求的价值观和技能之间可能存在冲突，同时，他坚持认为教育不能被某种利益集团掌握，必须由国家控制，然而，大多数政府都会受到利益集团的影响。因此，教育通过传递价值观使人社会化和个性化，但这种价值观是什么，或者是否能够传递给所有学生，尚存在疑问。

　　功能主义从斯宾塞、涂尔干的有机社会论，发展到齐美尔（Simmel）的本源功能主义，直到帕森斯（Parsons）、默顿（Merton）等为代表的现代功能主义，其持续时间之长，原因在于功能主义理论对社会现象有着很强的解释力，其他任何理论都不能与之媲美②。20世纪60年代中期，美国社会理论家帕森斯对早期社会学理论家的思想和研究进行综合，使功能主义有了显著发展。早期社会理论家没有系统回答如何使社会处于均衡状态的问题，帕森斯正是想要构建一种解决这一问题的理论，即结构功能主义理论。帕森斯从功能主义的角度完整地表述过他关于教育与平等的思想。在《作为社会系统的学校》（The School as a Social System）一书中，帕森斯认为，资本主义社会已经发生了一场与资产阶级革命和工业革命同样重要的教育革命，这场教育革命的一个重要特点是极大地扩大了教育机会的均等，但由于存在个人能力、家庭对于教育的不同期望和态度以及个人努力程度的不同，必然会带来成就上的差异。在帕森斯的研究中赋予教育以两种基本功能，即社会化和选择。学生在入学之初都受到公平对待，随后他们以分数为标准被逐渐区分为高成就者和低成就者，而在社会的每一个范畴内，

　　①涂尔干. 社会学方法的准则［M］. 狄玉明，译. 北京：商务印书馆，1995：116.
　　②朱志勇. 教育社会学的功能论和冲突论——兼论两种理论对我国教育现状的解释［J］. 上海教育科研，1997（6）.

他们又被根据学术和社会成就进一步加以区分。这种分化的过程实质上就是一种社会化的过程。由于一个人所获得的职业由教育资格决定，因此，帕森斯极力主张通过扩大教育机会均等来促进社会平等。但是，由于受到个人能力、家庭导向、个人动机等因素的影响，教育机会均等不可避免地会带来教育成就上的差别，进而导致新的社会不平。教育通过将这种不公平合法化，来帮助消除社会分裂和冲突的紧张趋势，实现平衡和协调。

由帕森斯建立起来的结构功能主义理论直到 20 世纪 60 年代都是社会学的主导性理论，这一阶段的大多数理论都是对功能主义的修修补补，无法摆脱其影响。60 年代后期，随着社会变迁的加剧，功能主义理论已经不能提出有效的分析策略来解决当时的社会问题了，于是，人们开始对功能主义理论进行反思和批判。功能主义尽管受到冲突理论的冲击而有所衰落，但在当代教育领域中仍然拥有大量的信奉者。

（二）冲突理论

20 世纪 60 年代中后期，随着第二次世界大战后短暂稳定的消退和冲突现象的普遍增长，当时，西方社会状况动乱多变，社会不平等日益恶化，种族斗争激烈，学校教育不仅没有促进社会的整合，反而成了严重的社会问题，功能主义学派陷入困境。在此情况下，一些社会学家开始对结构功能主义理论的精确性产生怀疑，他们汲取古典社会学家有关冲突的思想，批评和修正结构功能主义的片面性，逐渐形成继结构功能主义学派之后有重大影响的社会学流派——冲突理论学派。

从理论自身的发展来看，冲突理论是在功能主义式微的基础上发展起来的，是对功能主义派别的反动。冲突论者对功能主义进行了有力的批判，他们运用统计资料证明，教育并没有促进经济的增长和社会的平等，而只是起到了再生产资本主义社会、经济和文化结构的作用①。70 年代初期，冲突理论学派内部开始分化，形成了两个分支学派，即探讨教育阶层化的新韦伯主义和侧重分析批判资本主义教育制度的新马克思主义。

---

①翁文艳．西方教育公平理论述评 ［J］．教育科学，2000（2）．

1. 新韦伯主义

冲突理论散见于各个流派之中，其内容也随时代的变化而变化。在20世纪初的早期冲突理论中，当以德国社会学家马克斯·韦伯（Max Weber）的思想影响最广泛久远，他对资本主义社会内在的深层结构性矛盾的分析范式，深深地影响了后来的一些西方社会思潮。韦伯创立了冲突理论中一个独特的派别——新韦伯主义学派，他认为群体权力关系构成了社会的基础结构，一个人的地位可以确定他在群体中的位置。与涂尔干相比，韦伯没有关于教育社会学的直接论述，对教育也没有一个系统的分析，但是，他的与社会学领域相关的许多著作对我们理解教育有着重要的启示。韦伯的理论讨论冲突、控制以及社会群体之间为财富、权力和地位而进行的斗争，这些群体在财产所有权、民族群体等文化地位以及政府和其他机构内的地位权力上存在差异，而教育是获得预期目的的一种手段。韦伯提出了"身份集团"（status group）的概念，他认为学校的主要活动是传授特定的"身份文化"（status cultures），并且指出学校教育是由社会支配集团的利益决定。韦伯认为权力可以划分为三个领域：经济、社会和政治。社会中的冲突也表现在这三个领域，在这三个领域占据优势地位或统治地位的阶级和群体，都竭力排除和阻碍其他阶级和群体进入他们的领域，力求保持他们在该领域的优势地位，而主要手段和方式之一就是对教育的控制，对知识、文凭和学历的控制①。韦伯强调了教育在控制知识、维持身份和阶级地位中的作用，即教育不只是与生产关系有关，而是通过文凭维护了阶级关系。

社会冲突与社会不平等具有密切的联系，新韦伯主义的主要代表兰德尔·柯林斯（Randall Collins）把社会不平等作为导致社会冲突的根本原因之一。1975年，柯林斯的《冲突社会学：迈向一门说明性科学》一书出版，标志着冲突问题的研究进入了一个新的阶段。早期冲突论者只是对结构功能主义进行补充和修正，认为秩序理论和冲突理论同样是有用的理论工具。柯林斯认为，社会冲突是社会生活的中心过程，仅仅提出一种补充性"冲

①谢维和. 教育活动的社会学分析——一种教育社会学的研究 [M]. 北京：教育科学出版社，2000：40.

突理论"不足以说明这一过程，必须建立一门以冲突为主题的社会学。柯林斯继承了韦伯的传统，专注于"文凭主义"（credentialism），这是为获得更高层位置而增加要求的一种方法，它被那些处于优势地位的个体所利用来进一步提高他们的地位。教育体制鼓励人们追求文凭，教育中包含的文凭和文化资本不仅意味着能获得更高收入和更大权力的工作机会，也是地位群体身份的标志，因此，教育也是阶级地位获得的重要机制。柯林斯指出学校的主要作用在于传授社会支配集团的身份文化，学校教育发展的动力来自于不同身份集团之间的冲突。他认为，经济、权力和声望决定了人们在社会分层结构中的位置，在社会结构中，人们由于经济、权力和声望的差异而在社会分层体系中具有不平等的地位。正如社会不平等一样，教育不平等也表现为不同的人或群体由于经济地位、身份背景等方面的差异而在教育体系结构中具有不同的地位。

冲突理论产生后，在西方社会学界引起了巨大反响，它很快渗透到社会学各分支学科的经验研究中去，在政治社会学、组织社会学、种族关系、社会分层、集体行为、婚姻家庭等领域出现了大量以冲突概念为框架的论著，在当代社会学发展中有着重大的影响。

2. 新马克思主义

20 世纪 60 年代以后，一些教育社会学家开始运用冲突论的观点分析教育制度的功能、学校组织的社会过程和相互关系等方面的问题。塞缪尔·鲍尔斯（Samuel Bowles）和赫伯特·金蒂斯（Herbert Gintis）在 1976 年合著的《资本主义美国的学校教育》（Schooling in Capitalist America）一书中率先把新马克思主义冲突论引入教育社会学的研究之中，在欧美学术界引起了极大的影响。他们对资本主义阶段再生产进行研究，分析了美国不同社会集团的利益冲突，阐明统治者集团如何运用学校再生产资本主义生产关系，对资本主义教育制度进行了无情的解析和批判。鲍尔斯和金蒂斯的基本观点是：强调教育是社会的一个组成部分，它的存在和发展必然会受到社会基本的经济制度的影响，成为保持或增强社会和经济制度的社会制度之一。因此，教育不可能成为促进更大平等与社会正义的改革力量。他们认为，学校是再生产社会生产关系的代理机构，而这些社会生产关系是资本主义制度得以运作的必需品。学校教育和家庭就像经济生产一样，一些学生获得了更多地导致成功的文化资本，而另一些学生却没有获得，这样就再生产了社会的阶级结构，这就是所谓的"符应原则"（correspondence principle）。

鲍尔斯和金蒂斯通过大量的统计分析发现，在美国当时的教育制度中，能力和智商并不是决定个人社会地位的主要因素，个人的社会地位虽然被学历所决定，但学历条件是与家庭的经济社会背景相对应的，即所谓的智商、能力和学历的划分在很大程度上是以学生的阶级属性为依据的，学校教育成为阶级再生产的工具。比如，美国的义务教育向任何人开放，但它提供的教育以及培养人的目标却是为资本主义经济服务的，它在不断复制着原有的不平等的经济结构和不平等的社会分工，因此，学校教育在本质上就是一个不断复制的过程①。尽管统计显示，不同群体的教育差距在缩小，但这并不能说明他们可以平等地分享社会财富。个体的一些特征，如年龄、性别、种族和社会阶级，影响了赋予教育的经济价值，个体所处的地理区域和经济结构特征也影响了他们的工作机会以及他们所受教育的价值。鲍尔斯和金蒂斯指出，为了改变不平等的学校教育体系，必须进行彻底的教育改革，只有通过把民主制度延伸到社会生产生活的各个角落，才能实现经济结构和社会分配的根本民主化。鲍尔斯和金蒂斯在分析方法上与帕森斯十分相似，都是从教育的社会化功能和选择功能来阐释再生产社会制度的合法性，但不同的是前者并不赞同这个再生产出来的社会。

任何一种理论都不可能是完美的，冲突论也不例外。由于冲突论的大部分观点都是基于对功能主义理论的批判，这就使它过分注重对功能主义理论框架的"破坏"，而缺乏一定的"建设性"。但是，冲突论的批判精神在西方许多国家产生了重大影响，它对西方多元文化教育的兴起功不可没。冲突论使我们认识到了资本主义教育的本质，体味到教育与社会需求之间的有机性，使我们意识到教育应全方位地关注社会，等等，对我们今后研究教育平等具有重大的理论和现实意义。

（三）文化再生产理论

20 世纪 60 年代后期，人们逐渐意识到绝对意义上的教育机会扩充，并

---

①钱扑．冲突论及其教育目的功能观——对一种教育社会学理论流派的剖析［J］．外国教育资料，1999（4）．

未消除根植于社会不平等的相对意义上的教育机会不均等，更未能出现如人们所期望的通过教育来消除社会不平等的奇迹。无论教育机会怎样扩大，不同阶层、不同性别、不同种族的人们，在入学机会和学业成功机会方面的差别都很大。教育上的不平等引起就业、收入、生活水平等一系列的不平等，最终造成恶性循环。为了揭示这一现象，人们开始批判地审视教育。再生产理论所关注的，就是分析社会不平等如何从上一代到下一代被再生产，教育又如何复制和加剧这一过程。再生产理论种类很多，从它关注的内容看，可以分为：社会再生产和文化再生产。事实上，在教育社会学的分类中，大多数都把再生产理论归入冲突理论的范畴中，在这里，由于社会再生产理论在上文中已经有所论述，更是基于文化再生产理论对于认识教育公平的重要性，笔者把文化再生产理论单独列出来加以具体述评。

法国社会学家皮埃尔·布迪厄（Pierre Bourdieu）是文化再生产理论最杰出的代表，他在与帕斯隆合著的《再生产：一种教育系统理论的要点》一书中从知识文化和社会阶级结构之间的关系角度出发，分析了这种社会不平等得以长期维持和传递的根源。布迪厄通过对学校教育制度自身运转机制的深入分析，得出不平等产生的根源在于阶级社会中家庭文化背景的差异和学校教育中对待阶级文化的不平等。布迪厄认为，资本可以表现为三种不同的形态：经济资本、文化资本和社会资本，其中，文化资本（cultural capital）是指借助不同的教育形态得以传承的阶层文化。文化资本有三种形态：（1）身体化的形态，体现在人们身心中根深蒂固的性情倾向中，如风度、仪表、言谈举止、爱好修养等；（2）客体化的形态，体现在文化物品中，如书籍、绘画、器具、艺术品等；（3）制度化的形态，体现在那些特定的制度安排上，如学术资格、学历等[1]。这些文化资本，尤其是身体化形态的文化资本和制度化形态的文化资本被父母一代代地向子女传递，这就是文化再生产机制。如果说经济资本是区分贫富家庭的基本指标的话，那么，文化资本则是不同阶层的象征。文化资本不仅在一代人身上发挥作用，它还有继承性和再生产功能，阶层之间的文化屏障总是通过文化资本来表达和再生产的。

布迪厄最初采用文化资本的概念是用来说明不同社会经济出身的学生

---

①杨善华. 当代西方社会学理论［M］. 北京：北京大学出版社，1999：284.

在学业成就方面的差异的。20 世纪 60 年代盛行的观念是，教育是现代西方社会改变阶级分裂的有效体制，每个勤奋学习的学生都可以通过教育这个阶梯实现社会流动。针对这一观念，布迪厄指出，这些人忽视了家庭出身并不仅仅通过单纯的经济收入来影响求学的子女，学校不是中立的机构，它传递的文化反映着统治阶级的文化，因而有利于其子女的学业成功。布迪厄曾经试图证明文化资本在其中所起到的作用，他指出，像上剧院看演出、参观博物馆、听音乐会、读报纸之类的实践活动，在人口中的分布都是随不同阶级而定的。这种分布可以还原为教育成就和文化实践之间的关系，因为参与文化实践的能力是在教育经历中获得的。情况似乎是，特定的文化实践被符码化，从而只有那些可以解读这符码的人才能获得这些文化实践，而解读的钥匙又是通过教育授予的，教育钥匙的分布随着社会出身的不同而定。布迪厄认为，只有出身在有教养家庭即有品位家庭的人，才能获得这把钥匙。一个人拥有的文化资本越多，就会更快更容易地积累新的文化资本，同样，那些早年从家庭中继承丰厚文化资本的人也更容易增长自己的文化资本①。正是通过文化资本，外在的财富转化成为一个人的内在素养，转化成为惯习（habitus）。

　　布迪厄还分析了不同家庭背景的学生持不同的文化资本，从而对学业成就和高等教育的学历取得的影响。在布迪厄看来，所有文化都有"文化专断"（cultural arbitrary）的特点，学校教育制度也不例外，教育的文化专断性就是统治阶级的文化专断性。由教育权威对学生灌输文化专断就是一种符号暴力，而学校教育行为就是一种符号暴力（symbolic violence）。经济支配阶级能够根据其通向高等教育的途径证明自身的优越性，使其处于上位的位置合法化，而从属阶级的成员不仅受到物质方面的约束，在高等教育的机会面前也是处于劣势的，社会不平等体制的种种事实也因此得以合法化。为了进一步说明问题，布迪厄还确定了文化再生产和社会再生产之间的关联。文化资本被制度化之后变成了一种资格，如文凭。文凭与职业、地位直接相关，这样，通过把学术等级转换为社会等级，就完成了从文化再生产到社会再生产的过渡②。由于是通过学术等级来划分社会等级的，表

---

①钱民辉. 教育社会学——现代性的思考和建构［M］. 北京：北京大学出版社，2004：54.

②余秀兰. 中国教育的城乡差距——一种文化再生产现象的分析［M］. 北京：教育科学出版社，2004：30.

面上看划分的基础是天赋和能力，从而使再生产合法化。

布迪厄的文化资本概念提供了处理文化和社会选拔现象的复杂框架，提出了关于家庭和文化资源以一种微妙方式影响学业成功的新观点，从而推进了对社会分层制度得以再生产的理解。布迪厄从阶级关系层面，把教育不平等归根于统治阶级通过文化霸权对下层阶级子弟实行符号暴力的分析，比鲍尔斯和金蒂斯的思想更为深入具体。虽然布迪厄也承认文化资本不是教育成功的唯一原因，也有下层阶级的子女成为教育的受益者，但这是非常少的。大多数下层阶级的子女深受其父母的教育经历以及地位低下、经济资本和文化资本贫乏的影响。尽管后来的学者对布迪厄的学说进行了质疑和争论，但他的"文化资本"概念揭示了资本主义制度的不合理性构筑了不合理的教育制度，使人们开始从社会制度的根源上思考教育机会均等和教育民主化的进程。

资料1.2

《龟兔赛跑》的教育隐喻

《龟兔赛跑》是一则家喻户晓、妇孺皆知的寓言故事，几乎成为所有中国人用来进行励志教育的经典，它也因此成为我国语文教科书的经典篇目。在大多数人被这则故事的教义触动时，却很少有人分析其中隐藏的深层内涵。但事实上，这则寓言在鼓励勤奋的成功观的同时隐藏了一个巨大的欺骗性，它其实制造了一个表面公平的假象。

在这则寓言中，相比兔子而言，乌龟属于弱势群体，它让人们相信虽然身处弱势，但只要像乌龟一样努力奋斗，就一定会成功，但寓言中所宣扬的成功只是一种偶然的"反常性"体现。"兔子比乌龟跑得快"是人尽皆知的常识，这样的常识本身没有任何成为寓言的可能性，但这则寓言的成功之处在于它制造了一个可以突破常规的神话，它的魅力首先在于对恒常的、难以改变的规则的突破的诱惑力，它让人们相信了一种可以撼动权威的可能性。

对每个个体而言，这则寓言传授的是一种最现实的生存法则，即在竞争中个体必须无原则地付出努力。尽管这则寓言让人们普遍地相信了"努力导致成功"的观念，但必须清醒地看到，在现实生活中是大量的"乌龟"

被"兔子"所淘汰的残酷事实，这些事实却常常被人们所忽视。人们在听故事的时候通常会对故事中的人物进行角色的替代性认同。在这则寓言中，价值的褒扬给了乌龟，在最初听到或看到这则寓言的时候，大多数人都会依照常规把自己替代为乌龟。它让大多数人在接受这则故事的教义的同时也接受了乌龟的弱势地位以及这种不平等的竞争关系。他们仅仅被告知："只要努力就能成功"，而没有人告诉他们："这种竞争是不平等的!"大多数孩子正是在这样的迷惑下心甘情愿地接受着不平等的竞争体系，没有人会怀疑学校所制造的竞争本身的合理性。

事实上，"乌龟"与"兔子"代表了两种不同的社会身份，它们背后是各自不同的文化类型在起作用，大多数人只是看到了表面的竞争机会的均等而忽视了背后的文化不平等问题。"龟兔赛跑"所隐喻的不公平恰恰是由文化上的不平等造成的，正是文化的区隔与等级划分在社会不平等的再生产中起到了十分重要的作用。

资料来源：周宗伟. 文化区隔与教育公平——寓言《龟兔赛跑》的教育隐喻[J]. 当代教育科学. 2007（5－6）. 有改动.

（四）文化相对主义和文化多元主义

文化相对主义（cultural relativism）起源于 20 世纪 20 年代，形成于 40 年代末，是随着现代社会科学兴起的一种文化理论思潮。文化相对主义最初来源于人类学研究，被称为美国人类学之父的弗朗兹·博厄斯（Franz Boas）是该派的鼻祖，他在 20 年代便不断重申文化人类学的旨趣是历史上人类文化的差异性，明确提出有关文化相对性的思想。1949 年，梅尔维尔·赫斯科维茨（Melville J. Herskovits）的《人类及其创造》一书出版，对文化相对论进行了理论上的系统阐述，标志着文化相对主义的形成。文化相对主义强调文化的差异性，认为每一种文化都是一个不可重复的独立自在的体系，每一个民族都具有表现于特殊价值体系中的特殊文化传统；一切文化的价值都是相对的，不存在绝对的价值标准，各民族的文化价值都是相等的，各文化之间不可相互比较，更不能区分优劣。文化相对主义的这一基本立场得到了文化多元主义者的赞赏，成为文化多元主义多种价值诉求的思想基础。

滥觞于 20 世纪 60 年代的文化多元主义（cultural pluralism）是在批判美国的盎格鲁文化同化（anglo-conformity）理论和熔炉（melting pot）理论基础上形成的一种新的理论。美国少数民族为美国的政治、经济、社会与文化发展作出了巨大的贡献，但长期以来他们在教育、就业和住房等方面遭受各种歧视。60 年代美国的少数民族强烈表达平等分享政治、经济和文化权利的诉求，文化多元主义逐渐兴起。文化多元主义表现为以社会日趋多样化为基础，要求主流社会给各亚文化群体平等地位并承认他们的文化价值观。文化多元主义认为，在一个多民族的国家，每个民族群体都可以保留本民族的语言和传统文化，与此同时，他们也应该融入到国家的共享语言文化中去。事实上，多元文化主义的最终不是追求"文化平等"，而是追求"社会平等"。可以说，文化多元主义既是一种社会政治理论，更是一种社会运动。

通过推进差异文化政治，各少数群体在争取平等和解决社会不公问题上找到了共同语言，并共同促成文化多元主义切实转化为种种社会政策和改革措施。英国著名社会学家和教育家迈克尔·F. D. 杨（Michael F. D. Young）认为，社会中的不平等权力分布导致了文化知识的不平等分布，当权者决定了知识的价值与等级，决定了知识的选择与组织，决定了不同群体接近不同知识的可能性，控制了教育传递知识的方式[1]。学校课程的选择与设置，实质上是教育知识分层化的过程，而这种教育知识的选择符合某一特定时期统治阶级的价值和信仰。西方许多国家的研究者都发现，学校知识是产生社会不平等的一个关键因素。课程通过对知识的筛选，作为一种主要的社会资源，促进形成各种社会利益，并影响着它们之间的社会平衡。这些研究结果表明，工人阶级家庭和统治阶级家庭的子女有着不同的学校教育结果，学校教育过程就是教育知识的分配过程，构成学校课程设置的知识形态与特定的阶级与集团利益紧密相连，不同阶层的学生接受和掌握不同层次的知识。教育知识问题是 20 世纪 70 年代英国的"新"教育社会学（the New Sociology of Education）[2] 研究的重要领域。"新"教育社会学把以下内容作为自己的主要研究课题和对象：（1）教育课程的选择和分配过程；（2）教师的教学方法和评价标准；（3）班级里的教师与学生之间、学生与学生之间的交互作用[3]。"新"教育社会学以系统互动论（systematic interaction）、人种志方法论（ethno methodology）和现象学（phe-

---

①厉以贤. 西方教育社会学文选［M］. 台北：五南图书出版有限公司，1992：679 – 687.

②20 世纪 60 年代后期，西方许多国家发生了剧烈的社会动荡，爆发了潜藏的社会问题，由于结构功能主义未能有效地发挥其作用以及其理论本身所具有的缺陷，受到了冲突学派与微观学派的批判，教育社会学的理论出现分化。其中，英国的"新"教育社会学异军突起，一度引领了教育社会学研究领域的新潮流。"新"教育社会学侧重运用质性的研究方法来进行微观教育问题的研究，强调以教育学为出发点通过教育研究的过程来构建或修正社会学理论，开启了教育研究的一个重要领域。

③钱民辉. 对国外教育社会学知识体系的思考［J］. 北京大学学报（哲社版），2003（1）.

nomenology）为基础，试图从学校内部来解释教育与社会不平等关系这个问题，"新"教育社会学无论在研究方法上还是在研究领域上，都与传统教育社会学有很大区别。但是，由于"新"教育社会学强调主观的解释或意识形态等内在要素，是一种带有哲学及批判色彩的悲观论调，因而主张没有彻底的社会变革任何教育革新都不能成功。

依据以上论述，为了能够更清晰地掌握各种教育公平流派的主要观点以及研究脉络，笔者把其主要内容作了归结（见表 1.1）。

表 1.1　西方教育公平流派的理论观点与改进路线

理论流派	主要观点	不平等的根源	改进的趋势
功能主义	通过扩大教育机会均等来促进社会平等。教育机会均等不可避免地会带来教育成就上的差别，进而导致新的社会不平等	受到个人能力、家庭导向、个人动机等因素的影响	教育通过将这种不公平合法化，来帮助消除社会分裂和冲突的紧张趋势，实现平衡和协调
新韦伯主义	强调教育在控制知识、维持身份和阶级地位中的作用，即教育不只是与生产关系有关，而是通过文凭维护了阶级关系	正如社会不平等一样，教育不平等也表现为不同的人或群体由于经济地位、身份背景等方面的差异而在教育体系结构中具有不同的地位	对教育进行控制，对知识、文凭和学历进行控制
新马克思主义	能力和智商并不是决定个人社会地位的主要因素，个人的社会地位虽然被学历所决定，但学历条件由于和家庭的经济社会背景相对应，所以学校教育成为阶级再生产的工具	学校是再生产社会生产关系的代理机构，而这些社会生产关系是资本主义制度得以运作的必需品	为了改变不平等的学校教育体系，必须进行彻底的教育改革，只有通过把民主制度延伸到社会生产生活的各个角落，才能实现经济结构和社会分配的根本民主化

续表

理论流派	主要观点	不平等的根源	改进的趋势
文化再生产理论	家庭出身并不仅仅通过单纯的经济收入来影响求学的子女，学校不是中立的机构，它传递的文化反映着统治阶级的文化，因而有利于其子女的学业成功	不平等产生的根源在于阶级社会中的家庭文化背景的差异和学校教育中对待阶级文化的不平等	资本主义制度的不合理构筑了不合理的教育制度，只有改革资本主义制度才能推进教育民主化
文化相对主义	各群体文化之间的平等与相互独立性	学校中的文化歧视	进行课程改革，使来自工人阶级或少数群体的学生可以从适合的课程中获益
文化多元主义	尊重各种文化之间的差异性	家庭与学校之间的文化与教学差异	学校中不再有等级差别

三、多学科观点的教育公平研究

教育公平问题是一个多学科交叉的领域，运用教育学的观点研究教育公平是基本的，也是必要的。然而，如果仅从教育学的视角认识教育公平，往往会忽视教育公平的复杂性。从学科角度来说，不同的学科对教育公平问题认识和把握的着眼点不同，研究和解决问题的策略也不尽相同。只有从多学科、多角度对教育公平问题进行研究和探讨，才能获得深入的理解和完整的认识。就目前来看，伦理学、法学、社会学、经济学和教育学对教育公平问题都有所涉及和探讨。

（一）伦理学的观点：罗尔斯的正义原则

公平作为人类社会的一种道德理想和价值目标，历来为思想家们所关注，而且也构成了评价一种社会制度是否合理的重要标准。在伦理学上，公平更多地被理解为公正和正义，在当代有关公平观念的研究中，美国哈佛大学哲学教授约翰·罗尔斯（John Rawls）提出的正义原则影响较大。1971 年，罗尔斯出版了他的政治哲学著作——《正义论》，该书出版后，西方有关社会正义的学术讨论，纷纷响应罗尔斯的理论。在书中，罗尔斯认为效益主义并不能和社会作为公平合作体系的理念兼容①。为了取代效益主义，罗尔斯提出了他的两条正义原则。（1）每个人都具有同等的权利，在与所有人同样的自由体系兼容的情况下，拥有最广泛的平等的基本自由（basic liberties）体系，即平等自由原则。（2）社会和经济的不平等应该这样安排：一是在和公正的储蓄原则一致的前提下，对社会中最弱势的群体（the least advantaged）最为有利，即差异原则；二是在公平的平等机会的条件下，职位与工作向所有人开放，即平等机会原则②。罗尔斯还明确提出了这两条原则具有优先次序，第一个原则绝对优先于第二个原则，即在第一个原则未被完全满足时，我们不能跳到第二个原则。而在第二个原则中，平等机会原则又优先于差异原则。罗尔斯的机会平等原则是实质性的，如保证每个人都享有同样接受教育和训练的机会。而他的差异原则则为经济不平等设下了严格的限制，只有在对弱势群体有利的情况下，个人才被允许运用其先天或后天的优势获取更大的利益。因此，罗尔斯的公正原则，表现出一种强烈的平等主义精神。

罗尔斯所谓的"平等"，是承认个人禀赋差别基础上的机会的平等，是同一类人之间的平等，不同的人不同对待，不是教育上的平均主义。罗尔斯认识到没有一定程度的平等保障的公平不会是真正的公平，顶多只是一种空洞的政治口号。因此，罗尔斯主张的教育是在一定平等基础上的公正的教育。然而，在罗尔斯的观念中也存在矛盾和冲突，例如，一方面，他主张人们政治自由权利的绝对平等，同时又默认人们社会经济地位的不平等；另一方面，他主张采用对先天弱势群体最为有利的制度安排，这本身就是一种不平等。所以说，罗尔斯所期望达到的事实上的平等，实质上是以不平等为前提的。

权利永远不能超出社会的经济结构以及由经济结构所制约的社会文化

---

① 效益主义有不同的变种，其中，古典效益主义是指当一个社会的基本制度和政策能在该社会所有人中产生最大的效益净值（可以指快乐、偏好或欲望的满足）的时候，便是合理和公正的。

② 约翰·罗尔斯. 正义论［M］. 何怀宏，何包钢，廖申白，译. 北京：中国社会科学出版社，1988：66.

的发展①。罗尔斯仅仅求助于社会分配的调整来解决社会不平等问题，是不可能成功的。同样，对于弱势群体来说，仅仅强调平等对待和补偿原则还远远不够，美国前总统约翰逊对此有一个很形象地说明：

"想象在100米冲刺时，两个人中有一个戴着脚镣，他只跑了10米，另一个就冲过了50米，这时，裁判员认定这场比赛不公平。他们怎样来改变这种状况呢？仅仅是摘下脚镣让比赛继续进行下去，然后说'现在机会平等了'吗？但是，另一个运动员已经领先了40米，如果让原先戴脚镣的运动员赶上这40米或者两个人重新开始比赛，不是更公平一些吗？这就是我们为了平等要采取的果断行动。"②

尽管罗尔斯的公正观念中存在一定的矛盾和缺陷，但他的正义原则在促进社会公平以及教育公平方面仍然发挥了很大的积极作用。联合国教科文组织和主要发达国家都强调"弱势补偿"，以消除教育上的不平等。1990年通过的《世界全民教育宣言》明确提出了现实教育中妇女（包括女童）、残疾人和社会地位低下人口（如穷人、童工、农村和边远地区人口、土著居民、失业人口等等）的不平等和消除教育差距问题。美国的"黑白合校"、"双语教学"等政策法案也都是立足于差异原则上进行的补偿教育。

我国"弱势补偿"的社会政策由来已久。早在计划经济时期，国家就对社会弱势群体实行统包统揽的政策，政府对残疾人的生活、教育、康复、就业等实行特殊政策，对贫困儿童实行社会救济，等等。尽管这种体制由于效率低下而难以长久实施，但在特定时期也起到了相当大的积极作用。如今，在市场经济条件下，国家通过制定相应的政策法规协调社会力量对弱势群体进行帮助和补偿就显得尤为重要。例如，我国的新义务教育法也以法律形式阐述了教育公平、教育均衡的理念，弱势群体的受教育问题受到了前所未有的关注。"农村义务教育免费"、"保障农民工子女接受义务教育"等政策法案也都是立足于差异原则上进行的补偿教育。罗尔斯不是一个严格意义上的教育家，但他对教育问题的重视以及对教育问题思考之深刻，在众多学者中并不多见，认真研究和分析他的正义原则对我们认识和解决教育公平问题具有重大的理论和现实意义。

---

① 李清富．平等还是公正？——试论罗尔斯的教育哲学观［J］．外国教育研究，2006（3）．
② 袁振国．论中国教育政策的转变：对我国重点中学平等与效益的个案研究［M］．广州：广东教育出版社，1999：69.

（二）法学的观点：受教育权利的平等实现

法学意义上的教育公平指的是受教育权利的平等实现。受教育权利是指由国家规定的、教育法律关系主体具有的接受教育的能力和资格。1791年的法国宪法最早把受教育作为权利写进法律。"二战"以后，受教育权利作为一种基本的人权，逐渐发展成为一种普遍的法律权利。1948年，联合国通过的《世界人权宣言》第26条规定："人人都有受教育的权利。教育应当免费，至少在初级和基本阶级应如此。初级教育应属义务性质。技术和职业教育应普遍设立。高等教育应根据成绩而对一切人平等开放。"1989年，联合国第44届大会通过的《儿童权利公约》建立了保护儿童的国际标准，这是世界各国之间就合法确立儿童权利所达成的第一个国际性协议。在我国，《宪法》第46条规定："中华人民共和国公民享有受教育的权利和义务。"作为一项宪法性质的权利，受教育权利不仅在宪法中作了规定，在具体的部门法中也被进一步确认。我国《教育法》第9条规定："公民不分民族、种族、性别、职业、财产状况、宗教信仰等，依法享有平等的受教育的机会。"受教育权利的发展历程表明：受教育已经从一种自然权利发展为法律权利；已经从一种少数人的特权发展为公民的普遍权利。

尽管世界各国都很重视用法律来保障公民的受教育权利，但在实践中受教育权利并没有得到很好的保护和实现。其原因一方面在于权利的法定化并不等于权利的实现，法定权利在向现实权利转化的过程中需要具备很多的条件；另一方面，更根本的原因在于教育上的不平等根源于社会和经济上的不平等，完全通过法律来保障受教育权利的平等在现实中还难以实现。我国目前仍然存在的流动人口子女入学难、农村中教育机会上的性别歧视、受教育权利的地区差距和城乡差距等种种现象表明：我国公民的受教育权还没有得到有效的保障。

"2001年8月，青岛市3名高考考生认为，国家教育部以制定招生计划的形式，造成全国不同地域考生之间受教育权的不平等。特别是北京地区的高考录取线大大低于全国平均水平，竟比山东低100多分，这一规定侵犯了考生平等受教育的宪法权利。3名高考生决定到最高人民法院去状告教育部。"①

"青岛三考生状告教育部"一案，一方面说明目前我国公民的受教育权还没有完全得到实现，另一方面也说明我国公民已经开始具有维护自己受教育权的法律意识。因此，就目前来说，加强教育法制建设仍然是实现受教育权利平等的有效手段。受教育权利作为公民的一项法定权利，其平等实现不仅需要权利主体的积极作为，更需要政府创造条件，加强教育法规的权威性，建立健全完善的法律实施监督体系，为其提供法律和制度上的保障。

（三）经济学的观点：教育资源的公平配置

一直以来，我国教育领域的供求关系都非常紧张。一方面，教育供给不能满足社会日益增长的教育需求；另一方面，教育财政资源的供给不能满足教育事业迅速发展的需要，尤其是教育经费供给不足已经成为制约教育发展的主要因素。教育资源配置的公平与效率问题成为我国教育经济学研究的一个重要领域。就经济学意义来说，教育公平问题讨论的本质就是社会转型所带动的经济利益转移而形成的不同利益群体对教育权利与资源分配的争夺。现阶段我国教育资源配置的不公，主要表现在区域间、城乡间和校际间教育资源分布上的不均等。

1. 区域间的不均等

区域经济发展的不平衡是广大发展中国家的共同特征，我国是典型的二元经济结构的国家，发达地区工业经济的高速发展和落后地区经济长期的停滞不前，使得区域之间的经济发展水平极不平衡。而教育供给在很大程度上取决于经济发展水平，不管是公共教育经费投入的绝对数值，还是公共教育经费占国民生产总值的比例，都与经济发展水平有着正相关关系，因此，经济发展的区域不平衡必然导致教育资源配置的区域失衡，东部和中西部地区在教育上形成较大的差距，这些差距主要体现在教育投入、教育机会、教学条件等方面。

---

①http://hsb. huash. com/gb/newsdzb/2001 - 08/24/2001 - 08 - 24 - 05gnxw3. htm. 有改动.

2. 城乡间的不均等

教育投入的地区差异是导致教育发展程度不平等的重要原因，而教育的地区差异又是各地区农村发展差异的重要原因。我国是个农业大国，长期以来，由于历史、地理和文化等方面的原因，城乡之间在经济发展、消费水平以及教育发展上表现出较大的差异。我国四分之一以上的文盲、半文盲人口集中在西部农村、少数民族地区和国家级贫困县，中小学生的流失、辍学也主要发生在农村。即使在教育发达的北京和上海，教育质量的城乡差别也很明显。

3. 校际间的不均等

校际间的差距是教育机构内部资源配置失衡的重要反映。重点校的设置，使学校在现实的发展中获得的资源和待遇各不相同，从而出现严重的两极分化。基础教育领域的择校问题是校际间资源配置失衡的重要表现，在经济发达地区和城市，普及义务教育已不成问题，但由于学校之间存在的严重差异，一些教育质量较好的重点校成为人们竞争的热点。因此，等级化的学校制度，使教育资源向一部分学校倾斜，加剧了基础教育领域内部资源配置的失衡，加大了区域间、城乡间学校之间的差距。

为了实现我国教育事业的均衡发展，政府和社会各界进行了不断的努力，并取得了很大的进步。2006年9月1日颁布实施的新《义务教育法》第1章第6条规定："国务院和县级以上地方人民政府应当合理配置教育资源，促进义务教育均衡发展，改善薄弱学校的办学条件，并采取措施，保障农村地区、民族地区实施义务教育，保障家庭经济困难的和残疾的适龄儿童、少年接受义务教育。国家组织和鼓励经济发达地区支援经济欠发达地区实施义务教育。"师资的均衡配置也是义务教育均衡发展的重要方面，新《义务教育法》第4章第32条规定："县级人民政府教育行政部门应当均衡配置本行政区域内学校师资力量，组织校长、教师的培训和流动，加强对薄弱学校的建设。"然而，由于教育投入总体水平较低、教育投入结构以及教育投入地区分布不合理，我国教育资源配置不公的状况并没有得到根本的解决。

(四) 社会学的观点：社会分层与教育机会均等

社会学对教育公平或教育平等的研究存在多种讨论和研究的视角。如果说对教育与社会变迁关系的研究是一种动态社会学的建构，那么，对教育与社会分层关系的研究就是一种静态社会学的分析。社会分层与教育机会均等之间关系的研究，一直都是教育社会学研究的基本主题和传统的研究领域。

早期的"教育的社会学"（educational sociology）关注的是工业化民主国家中教育机会与社会流动的关系，认为学校教育将促成高的社会流动从而对社会不公平产生有利的影响。但是，学校教育特别是学生学业成绩的差距使人们对这一研究假设产生了很大的怀疑①。20 世纪 60 年代中期，"科尔曼报告"的发表使人们开始注意到与学校的教育质量相比，儿童的社会出身、家庭背景等因素对学业成绩产生了更为重要的影响，从而形成了一个关于社会分层与教育获得关系的社会学研究主流，并导致了"教育社会学"（sociology of education）② 研究的产生和发展。教育平等与社会平等之间的关系如何，教育究竟是促进了民主还是强化了专制，教育是使社会趋于平等还是在制造更大的不平等等诸多问题，社会分层与教育获得问题成为西方民主社会关注的焦点。从理论研究来说，鲍尔斯和金蒂斯的社会再生产理论、布迪厄的文化再生产理论、柯林斯的文凭社会理论等，都分析和论述了社会群体是如何通过学校教育来再生产原有社会关系的问题。许多实证研究也都论证了社会分层与教育获得之间的影响关系。研究发现，虽然教育机会总量在不断增加，削弱不平等影响的教育政策在持续努力，但来自社会阶层背景方面的不平等却一直还在持续。

在我国，社会分层与教育获得的关系主要表现为经济分层和文化分层对教育机会的影响。20 世纪 80 年代，即有学者对父亲职业对子女进入高等学校的影响进行研究，认为干部和知识分子的子女比工人和农民的子女拥

---

①刘精明. 国家、社会阶层与教育：教育获得的社会学研究［M］. 北京：中国人民大学出版社，2005：43.

②"教育社会学"关注的是个人的社会、经济地位以及文化背景等因素对教育获得及其过程的不平等影响，其理论思路是将教育获得与社会阶层的再生产联系起来，从而与早期的"教育的社会学"相区分。

有更多的教育机会①。而这一研究结论与布劳－邓肯（Blau Duncan）模型②完全耦合。北京理工大学高等教育研究所杨东平教授在其研究报告中也明确指出："城乡差距、地区差距和性别差距是影响我国教育不平衡的主要因素，同时，阶层差距也正在成为影响教育公平的重要因素。"③ 经济分层对受教育机会的影响体现为：家庭经济阶层愈高，子女实际享有的受教育机会的可能性就愈大；文化分层与受教育机会的关系体现为：高文化阶层子女比低文化阶层子女更容易获得受教育机会。

我国现行的高等学校招生制度，采取的是从高分到低分择优录取的原则。从表面上来看，不管考生来自农村地区还是城市地区，不管其家庭背景或父母职业地位如何，只要考生的分数达到了各高校的最低录取分数线，则这个学生就具有了进入高校学习的机会和权利。但实际情况又是怎么样呢？许多学者通过调查研究发现：不仅家庭经济状况是影响子女高等教育入学机会的重要因素，而且父母受教育程度越高，其子女拥有的入学机会就越多。尽管1999年开始的高校扩招使高等教育入学机会的阶层差距得到了一定程度的改善，但是，这种改善充其量只是把显性的不均衡转化为了隐性的不均衡。高等院校中农村学生的比例是社会阶层分布的一个显著指标。在国家重点高等院校，来自经济资本和文化资本都较强的家庭子女占有较大的比例，享受着更多更好的高等教育资源，而大多数的农村学生和高校贫困生则聚集在教育资源和教育质量都相对薄弱的地方性院校。以清华大学1990－2000年间的招生情况为例，农村学生所占的比例在17%－22%之间波动，且整体上呈下降趋势（见表1.2）。

表1.2　1990－2000 年清华大学农村学生的入学比例④

年　份	1990	1991	1992	1993	1994	1995	1996	1997	1998	1999	2000
招生数（人）	1994	2031	2080	2210	2203	2241	2298	2320	2462	2663	2929
农村学生（%）	21.7	19.0	18.3	15.9	18.5	20.1	18.8	19.5	20.7	19.0	17.6

①杨东平. 中国教育公平的理想与现实［M］. 北京：北京大学出版社，2006：205.

②布劳－邓肯模型揭示了随着工业化和技术的发展，影响个人社会地位的变量逐渐多样化，特别反映了父母的受教育程度和职业对子女后来所取得的社会地位的影响和程度。

③杨东平. 扩招后上大学的机会更均等了吗？［N］. 中国青年报，2005－01－25.

④卫宏. 我国城乡高等教育机会均等的实证研究［D］. 北京：北京师范大学，2003.

总之，大量的研究结果表明：在一个社会中的人们，由于在财产、资源和机会的分配上出现了不平等差异，因而被区分出在政治、经济和社会等纬度上的不同阶层，而来自不同社会阶层的子女，拥有的教育机会并不均等。要想改变这一现状，除了进行教育改革以外，如建立教育专项资金制度，对落后农村和贫困地区进行资金补偿；建立学生助学贷款制度，使贫困家庭的学生也能有学上等等。但是，更为重要的是要进行彻底的社会改革，从根源上来改变产生教育不平等的社会制度本身。

（五）教育学的观点：创造公平的学校和教室

从再生产理论的观点来看，学校和班级是社会资本和文化资本发挥作用最明显的场所之一。社会分层机制通过影响学校和班级里的社会机制，对学生在学校或班级里的机会产生重要影响。布鲁克欧佛及其同事在1996年研究了学校社会结构与社会环境对学生学习成绩的影响①。其中，学习成绩的衡量因素为阅读和写作能力、学业自我概念和自力更生，学校社会结构的衡量因素为教师对学校结构的满意度、家长参与情况、学生课程的差异、校长参与指导的时间和学生在校内的流动情况，学校氛围由学生、教师和校长观念三部分构成，研究结果表明：学校能够而且也确实导致了学生学习成绩的差异。目前，作为教育公平主体的教育活动本身，学术界讨论较多的主要是课程改革、教学形式和学业评价等方面，对于学校教育来说，这些方面具有很强的实践意义、理论意义和政策意义。

1. 课程改革方面

学校通过课程来生产、传递和积累各种文化资本，课程是产生社会不平等的关键问题。工人阶级家庭和统治阶级家庭的子女有着不同的学校教育结果，学校教育过程就是教育知识的分配过程，构成学校课程设置的知识形态与特定的阶级与集团利益紧密相连，不同阶层的学生接受和掌握不同层次的知识。作为一种重要的社会资源，课程通过对知识的选择、组织和评估，促使形成各种社会利益，并影响着它们之间的社会均衡。课程公

---

① 珍妮·H. 巴兰坦. 教育社会学：一种系统分析法 [M]. 朱志勇，范晓慧，译. 南京：江苏教育出版社，2005：177.

平要求摒弃这种霸权课程，进行民主课程改革，寻找一种建立在弱势群体经验基础上的课程，并把它推广到整个系统。

2. 教学过程方面

教学是有效知识传递的实现形式，教学过程中的教学设计、教师的态度与期望、师生关系、同伴关系等都是一种很重要的社会资本。在班级中，教师对学生的态度和期望以及与学生的交往存在差异，而这种差异往往受学生社会经济背景的影响。此外，学生的学业成就在很大程度上也受到同伴的影响，拥有良好的、积极的同伴关系的学生通常也在学业成就上成为获益者，而在这方面，来自贫困家庭或落后地区的学生由于较为封闭和具有较强的自卑感，从而不愿与其他同学交流和沟通，往往处于不利地位①。同样，就机会公平来说，那些地位低的学生参与程度往往较低。因此，通过教学改革创建"公平教室"对促进教育公平具有实际意义。

3. 学业评价方面

考试制度是促使人向上流动的一种主要方式，也是学业评价的一个重要手段。许多研究表明，学业成就与学生的社会阶层存在紧密联系，考试不仅是学生的一种个体行为，与他们的家庭经济状况、父母的社会地位以及地理环境等因素都有联系。所以说，统一的试题和统一的分数线仅仅是表面上的公平，看似公平的考试实质上并不公平。为了保证学业评价的公平，就要考虑学生在社会资本和文化资本方面存在的差异，实施多元化的学业评价制度才能体现真正的公平。

总之，基于社会资本和文化资本的不平衡，在学校教学中存在待遇上的不平等以及学习机会上的不平等，这对学生的学业差异产生重要影响。仅仅在社会或地区层面上研究教育机会均等，将忽略学校和教室里学生的经验，而这些经验恰恰是导致教育成功或失败的最直接的原因。

---

①盛冰．社会资本与文化资本视野下的现代学校制度变革［J］．教育研究，2006（1）．

资料 1.3

我国的教育不平等现象

新中国建立以来，全国人口的受教育水平迅速提高，人力资本得以跨越发展。在义务教育得以普及、全国人口素质得到巨大改善的情况下，城乡居民之间和不同地区居民之间仍然存在着在教育资源分配、教学机会享有、人口受教育程度等方面的显著差异。

首先，从教育的经费投入来看，研究表明：直辖市市区的学校获得的教育经费最高，其次是直辖市县，再次是一般市区，一般农村县最低。直辖市市区的平均教育事业性经费都是一般农村县的 3 倍以上。

其次，在教育可及性、教育质量和就学机会上，城乡之间存在着显著的差异。到 2002 年，没有达到中国政府提出的普及九年义务教育目标的 431 个县，占全国总县数的 15.1%，全部集中在贫困边远的农村地区，人口为 10761 万，占全国总人口的 8.8%。

第三，农村人力资本存量远远落后于城市。根据全国第五次人口普查结果，2000 年中国农村劳动力人口（15－64 岁）人均受教育年限为 7.3 年，比城市的 10.2 年低 2.9 年，主要原因在于农村劳动力中具有高中级以上受教育水平的人口比重相对偏低。农村劳动力中具有高中级以上受教育水平的人口比例只有 8.5%，比城市整整低了 35 个百分点。目前中国的文盲人口主要集中在农村。2000 年，15 岁及以上人口的文盲率，城市为 4.57%，县镇为 6.45%，乡村则达到 11.55%。

资料来源：世界银行.2006 年世界发展报告：公平与发展［M］.北京：清华大学出版社，2006：序言.

第 二 章

教育公平指标研究述评

当处于各个不同社会经济和教育发展水平的国家进入 21 世纪的时候，改进教育指标与教育决策之间关系的重点是各不相同的。发达国家将会采取措施在未来全球竞争中保持优势，发展中国家要抓住这个跨世纪的机会赶上发达国家，至少使差距不能再扩大。另一个潜在的挑战是，由于信息技术的迅速发展，有关国家教育指标和其他相关信息的"超载"与过剩，将是未来信息的潜在危险。

——张力[①]

一、教育公平指标的概念及内涵分析

自 20 世纪 60 年代起，世界各国就开始利用社会指标对社会发展趋势和各种社会问题进行评价和监测。我国自改革开放以来，各政府部门和研究单位也相继成立了社会发展机构，并在社会指标体系的理论研究和应用方面取得了很大的成就，教育指标也随之得到发展。指标作为调控、监测和管理的科学量化手段，将越来越广泛地被各级决策部门所应用。

（一）指标、社会指标的概念及内涵分析

"指标"原意是揭示与说明，是在原始统计数据基础上通过分析和整理

---

①张力．教育政策的信息基础——中国、新加坡、美国教育指标系统分析［M］．北京：高等教育出版社，2004：14–15.

得到的、能综合反映统计总体数量特征的概念和数值。在统计学看来，指标通常被看作是客观中立的数据工具，它们使用集中或变化趋势来描述人口特征，比如平均数、比率、概率、比例或者其他数据参数。一个完整的指标由指标名称和指标数值两部分构成的，它体现了事物质和量两个方面的规定性。这一定义强调了指标不仅包括数量和数字，还包括质量和非数字的评价①。在我国，社会指标常与社会统计指标并用，但严格来讲，社会指标与社会统计指标是有区别的②。社会统计指标是指在社会发展过程中反映一定社会现象特征的范畴和数值，是对社会发展状况的既成事实及其数量表现的统计指标。而社会指标除包括反映客观实际的社会统计指标外，还包括社会发展计划（规划和目标）指标，反映社会成员主观感受的主观指标等。

指标的种类很多，根据不同的标准有不同的分类，如按其所反映内容的不同，可分为数量指标和质量指标；按其作用和表现形式的不同，可分为存量指标、流量指标和综合指标；按其性质的不同，可分为客观指标和主观指标。尽管划分指标种类的角度不同，但不同种类指标之间经常出现交叉重叠的现象，如有些数量指标，可能同时也是存量指标或客观指标。对指标进行分类，不仅可以指导我们从不同角度考察同一项指标的内涵，加深对某一项指标性质特征的认识，还可以帮助我们从各类指标中恰当地选择某些类型的指标去合理地构建指标体系。安德森（Anderson）认为选择"好指标"的标准包括：（1）指标应来自现成的资料或是可以低成本收集和计算；（2）指标应易于了解，一些以复杂数学函数表示的指标是较不实际也不易了解的；（3）指标必须是代表可测量的事物，指标应有共通的"操作型定义"；（4）指标所测量的应是重要的与有意义的事物；（5）指标在测量提出时与真实事物本身的时间差距应力求最小，才能显现出真实的状况；（6）指标应该能提供进行国家、区域或群体之间比较所需要的咨讯；（7）虽然有环境与社会背景的差异，但指标应具有进行国际比较的功能③。指标能帮助我们了解经济、政治、文化、教育活动的概况，其应用范围很广，我们每天都能接触到各种各样的指标，如消费物价指标、环境污染指标、

---

①郑杭生；李强，李路路. 社会指标理论研究［M］. 北京：中国人民大学出版社，1989：27.
②朱庆芳，吴寒光. 社会指标体系［M］. 北京：中国社会科学出版社，2001：5.
③王保进. 教育指标基本概念之分析［J］. 教育研究信息，1995（5）.

居民生活水平指标等。

　　然而，由于社会中的各种问题和现象都是复杂多变的，仅用一两个指标很多时候并不能完全反映出所有的状况，也不能满足研究的需要。为了更加全面、综合地反映复杂事物的不同侧面，就需要把多个具有内在联系的指标按照一定结构和层次组合在一起，构成指标体系。在联合国编写的《社会和人口统计体系》中把"体系"定义为："由一些有规律的互相作用或互相依赖的形式联合起来的物体的聚集物或集合物。一个科学的指标体系是根据不同研究目的的要求和研究对象所具有的特征，把客观上存在着联系的、说明某一现象性质的若干个指标，科学地加以分类和组合而形成的①。"因此，指标体系是一系列有内在联系的指标的组合，指标是指标体系形成和确立的基础（见图2.1）。

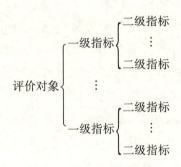

图2.1　指标体系示意图

　　图2.1中的"一级指标"既可以看作是说明"评价对象"的指标，也可以看作是"二级指标"的评价对象；如果把"二级指标"继续进行分解，则该"二级指标"又成为下一级指标的评价对象；同样，如果将图2.1看作一个更大的指标体系中的一个子体系，那么表中的"评价对象"则变成这个更大的指标体系中的一项指标。一般来说，在指标体系中，指标的级数越低，指标越抽象、概括；指标的级数越高，指标越具体、详细。

（二）教育指标、教育公平指标的概念及内涵分析

　　教育指标的研究源于20世纪20年代中后期，与经济指标和社会指标的

----

①朱庆芳，吴寒光.社会指标体系［M］.北京：中国社会科学出版社，2001：17.

研究密切相关。美国芝加哥大学的奥格本（William F. Ogburn）教授和他的同事在致力于社会变迁理论研究的同时，也开始了改进社会变迁测度方法的研究。1933 年，由奥格本主编的第一本社会指标专门报告《美国最近社会趋势》正式出版，报告对于指标的概念、功能、理论框架等进行了探讨，其中还涉及了教育发展方面的内容，如学校教育、宗教教育、家长教育，以及童工、依赖性儿童、不良少年、儿童研究等。教育的社会指标可以说是教育指标的雏形，但这时的教育指标还仅仅是社会指标体系中的一个重要构成，还没有从社会指标中分离出来。60 年代，由于经济指标的建立与应用（如国民生产总值、国民收入、失业率等），再次激起了学者对于社会指标的兴趣，许多研究领域（科学、环境、教育等）开始自主发展适合的指标，教育也是其中的重要内容，如"健康、教育、福利指标"（HEW Indicators）。1966 年，美国学者詹姆斯·S. 科尔曼（James S. Coleman）发表了著名的调查报告《教育机会均等的观念》（Coleman Report），无论发达国家还是发展中国家都纷纷开始评价各国教育系统的作用、效益等，从此开创了一个收集数据、分析教育系统运行机制的新时代。70 年代，世界各国对于教育质量越来越重视，如何定义、测量、评估进而提升教育质量，成为世界各国教育的主题。美国、加拿大、日本等国纷纷进行教育改革，同时，经济合作与发展组织（OECD）、联合国教科文组织（UNESCO）等国际性组织也积极从事教育指标的开发、设计工作，期望能够建立一种提升教育质量的机制。1975 年，高莱第（Mary Golladay）主编的《教育状况》（The Condition of Education）一书出版，这是第一本有关教育指标的应用书籍，该书包括了六大主题，即与研究教育有关的事项、基础教育与初中教育、高中高职教育、教职人员、高等教育的经费，以及青年教育与劳动力参与。1987 年，美国教育部邀请各国共同加入经济合作与发展组织进行"国际教育指标"研究。自此，教育指标建立工作开始逐渐蓬勃发展。

任何指标都具有测量的功能，它规定了事物质和量的界限，使之可以测量或比较。"教育指标是经由收集整理各种教育相关信息，为教育系统提供可解释的资料，以作为教育政策说明与决策参考之用。"[1] 教育指标或者教育系统的统计数据可以用来定义、描述、分析、合法化和检测教育系统

---

①简茂发，李琪明. 当代教育指标 [M]. 台北：学富文化事业有限公司，2001：2.

自身，是分析教育问题和形成教育决策的有用工具。1991 年，艾里奥特（Elliott）认为，一套有效的教育指标体系能够反映重要的教育制度内涵，一套值得信赖的教育指标体系可以帮助我们了解与改善教育系统，因此在建构教育指标时，研究人员应遵循这样一些标准：（1）有效的教育指标体系所测量的应是具有持续性的教育建构，也就是说所测量的应是我们认为重要的教育内容，而非集中在那些已经能够测量的部分；（2）高效度与高信度的教育指标体系将可以改善社会大众对教育的了解；（3）有效的教育指标体系应同时检视教育的背景、过程与结果；（4）有效的教育指标体系应能帮助我们认清教育历程的因果关系[①]。与社会指标一样，单一或大量的指标本身，无法呈现教育系统的复杂结构。为了对教育系统的复杂成分加以了解，并进行测量，需将所建构的教育指标系统地结合起来，形成"教育指标体系"，这样才能真正提供有效的信息。

由于每一个指标都是站在特定立场上或是为了服务于某一种目的而被开发和研制的，根据研究取向或研究目的的不同，教育指标可以分为很多类型，如教育统计指标、教育发展指标、教育现代化指标和教育公平指标等。教育公平指标指的是评价不同地区、不同学校、不同群体在教育机会、教育过程、教育结果等方面差异的指标，它侧重于发现不同地区或群体在教育资源和机会分配上存在的质和量的差异，以便为政府和行政部门进行教育决策提供信息参考。从教育阶段划分来看，教育公平指标可以分为义务教育阶段的教育公平指标和非义务教育阶段的教育公平指标。其中，非义务教育阶段又分为高中教育阶段和高等教育阶段；从指标的测量对象来看，可以分为宏观层面的区域教育公平指标、中观层面的校际教育公平指标和微观层面的人际教育公平指标；从指标的测量目的来看，可以分为地区差距、城乡差距、学校差距、性别差距、民族差距和阶层差距的教育公平指标。当前在经济发展和社会转型过程中，我国教育发展过程中的不平等问题日益突出。因此，为了监测教育事业发展的公平状况、确认教育不公的原因、指出未来发展方向，必须建立系统的教育公平指标体系。可以说，没有教育公平指标体系，就不能科学、准确地评价教育公平的现状及发展，也许就无法进行有效的教育改革。

---

①Elliott，E. J. Education counts：An indicator system to monitor the nation's educational health ［R］. Washington，D. C.：Acting Commissioner of Education Statistics，1991：5.

（三）国内外教育指标研究现状

关于教育公平指标的研究，早期大多渗透在教育指标的研究中，没有独立的地位。因此，要研究教育公平指标，先要了解教育指标的整体发展状况。国际上，以世界银行（World Bank）、联合国教科文组织（UNESCO）和经济合作与发展组织（OECD）等国际组织构建的教育指标体系最具有代表性，而在国内，有关于教育指标的研究，则主要体现在教育统计指标和教育现代化指标的发展中。

1. 国际组织教育指标的发展

从国际上看，目前以世界银行、联合国教科文组织和经济合作与发展组织构建的教育指标体系影响较大，也最具有代表性，成为各国教育指标研究的参照目标。它们的研究为人们认识各种教育问题提供了很好的视角和框架，并直接引导了世界、国家和地区的教育政策。

（1）世界银行的教育指标体系。世界银行是根据1944年美国布雷顿森林会议上通过的《国际复兴开发银行协定》成立的。它不是一般意义上的"银行"，而是联合国的专门机构之一，拥有成员184个。世界银行作为全球最大的多边发展机构，其政策导向集中体现于年度发表的《世界发展报告》。以2000年的《世界发展报告》为例，世界银行2000年发布的指标体系是以一国的经济和社会发展为依据形成的综合性指标体系，主要是由人口、就业、失业、收入、消费、住宅、教育、卫生保健、公共服务、交通、能源等方面的统计指标构成的。其中教育指标是由教育投入、受教育机会、教育效率、教育成果、性别与教育五部分组成，共分为16个指标（见表2.1）。

表2.1　世界银行2000年《世界发展报告》中的教育指标[①]

一级指标	二级指标
教育投入	用于教育的公共支出占GNP的百分比，用于不同教育级别每个学生的支出、教师津贴的支出占经常性支出总额的百分比

①世界银行.2000/2001年世界发展报告：与贫困作斗争［M］.北京：中国财经出版社，2001：325.

续表

一级指标	二级指标
受教育机会	小学生与教师比、义务教育年限、各级教育毛入学率、净入学率
教育效率	读到五年级的人占同龄组人口百分比、中小学生复读率、中小学失学儿童人数
教育成果	成人文盲率、青年文盲率、预期受教育年限
性别与教育	中小学女教师占教师总人数的百分比、中小学女学生占学生总人数的百分比、中小学生中女童的失学率

（2）联合国教科文组织的教育指标体系。联合国教科文组织于 1945 年底成立，目前，该组织的总部设在巴黎，已有 188 个成员，下属的 73 个机构分散在世界各成员国中。它可谓是教育统计和发布指标的最具权威的国际机构之一，无论是从实践还是国家的覆盖面来说，都具有显著的特点。该机构从 1991 年起，每年度编撰《世界教育报告》，为我们提供了了解世界各国教育状况的数据和资料。与其他各种类型的报告一样，《世界教育报告》以"比较"为其根本方法，既通过比较发现问题，也通过比较找到问题解决的方案。《世界教育报告》中有地区统计指标和世界教育指标两种类型的指标。其中，世界教育指标又由两部分组成：一是与报告讨论主题相关的一些具体指标；二是一些核心的，反映教育基本状况的指标。以 2000 年的《世界教育报告》为例，报告中包括人口与国民生产毛额；识字率、文化与沟通；学前教育在学和入学机会；初等教育现状；初等教育内部效率；中等教育现况；学前、初等及中等教师现状；高等教育现状；高等教育学生分布；私立学校教育与政府教育支出；教育经常性支出等 11 类世界教育指标，这 11 大类指标又进一步细化成了 26 个二级指标和 97 项三级指标（见附录一）。

（3）经济合作与发展组织的教育指标体系。经济合作与发展组织的前身是 1948 年 4 月由西欧十几个国家在巴黎成立的欧洲经济合作组织（OEEC）。1960 年 12 月 14 日，加拿大、美国及欧洲经济合作组织的成员国签署公约，决定成立经济合作与发展组织。在公约获得规定数目的成员国议会的批准后，经济合作与发展组织于 1961 年 9 月 30 日在法国巴黎正式宣告成立，简称经合组织。OECD 作为在世界范围内有着重要作用的经济组织，不仅在经济领域对各国有着深远影响，它自 1991 年以来每年出版的

《教育概览：OECD 指标》，也为各国教育指标的科学制定提供了借鉴和帮助。因为年度不同在数据上存在差异，《教育概览：OECD 指标》每年的指标内容都在不断更新，反映了不同时期各成员国教育关注点的变化，也反映了不同时期社会政治、经济、文化的变化及其对教育的影响。以《教育概览：OECD 指标（2000）》为例，整个教育指标系统共分为教育背景；教育的经费和人力资源的投入；教育的可及性、参与和途径；学习环境和学习组织；教育的个人、社会和劳动市场结果；学生成就等六大类指标，这六大类指标又细化为 31 个二级指标（见表 2.2）。

表 2.2　经济合作与发展组织 2000 年《教育概览》中的教育指标[①]

一级指标	二级指标
教育背景（A）	A1. 学龄人口的教育背景资料 A2. 成年人口的学历构成情况
教育的经费和人力资源投入（B）	B1. 教育经费占国民生产总值的比率 B2. 教育机构中的公共和私人投入的相对比例 B3. 政府对贫困学生和家庭的财政补助 B4. 生均教育经费 B5. 按资金来源划分的教育支出 B6. 各级政府的公共资金 B7. 生师比
获得教育、参与与进步（C）	C1. 不同国家学龄前和义务教育后的入学机会和入学率 C2. 义务教育外的学习模式 C3. 青少年接受第三级教育的比例及不同形式第三阶段教育的学习年限 C4. 不同国家大学生的毕业率 C5. 国家之间学生的流动性 C6. 具有特殊需求的学生的比率 C7. 在职者参与继续教育和培训的状况

---

① OECD. Education at a Glance：The OECD Indicators ［R］. Paris：OECD, 2001.

续表

一级指标	二级指标
学习环境和学校组织（D）	D1. 公立学校教师的最低工资、工资上调幅度和最高工资 D2. 新教师的培训标准 D3. 全职教师的法定授课时数 D4. 中等教育阶段学生的法定上课时数 D5. 学生的缺席率 D6. 中等教育以下教育机构的课程自主情况 D7. 学校配置与使用电脑的情况
教育的个人、社会与劳动市场结果（E）	E1. 各级学历层次与劳动市场参与 E2. 15－19 岁、20－24 岁、25－29 岁以及 15－29 岁人口的教育和工作状况 E3. 青年人口的失业与教育 E4. 影响从学校过渡到工作场所的因素 E5. 教育程度与工资水平的高低
学生成就（F）	F1. 四年级与八年级学生的数学成绩 F2. 学生的科学成就与其对科学的态度间的关系 F3. 四年级与八年级学生对数学的认知与其实际成就间的关系

首先，这些国际组织构建的教育指标体系是以一个国家的经济与社会发展为依据的综合性指标体系，既有各国统计机构和其他国际组织提供的数据，也有专题研究报告和调查的数据；指标覆盖面广，数据来源广泛，既具有政策研究上的优势，又不囿于现有统计数据框架，能够针对当前重大发展问题进行深入分析。但这些指标体系官方色彩较浓，缺少相应的理论基础，主要涉及的都是各国决策较为感兴趣的问题。而且，大多数指标提供的是数量方面的信息，而不能提供教育质量方面的信息①。其次，这些教育指标体系包含的指标数量较多，尽管当中不乏许多公平维度的教育指标，但这些与教育公平相关的一部分指标如学生学业成就、教育成就、教

---

① Seth Spaulding, Ranjan Chaudhuri：UNESCO's World Education Report：its evolution, strengths and possible futures ［J］. International Journal of Educational Development, 1999（3）：54－55.

育产出等方面的指标收集数据比较困难，在我国实施起来具有较大的难度。此外还要考虑到由于具体国情的不同，各国教育不公平的呈现形式也各不相同，例如发达国家较为关注种族差异和阶层差异，而我国则更侧重于地区差异和城乡差异。因此，要根据各国的现实国情构建科学、合理的教育公平指标体系，不能生搬硬套。

2. 我国教育指标的发展

与世界发达国家相比，我国目前的教育统计和指标工作的水平还较低，关于教育指标的研究，主要体现在教育统计指标和教育现代化指标的发展上。

（1）我国教育统计指标的发展。从统计学意义上讲，教育统计指标是反映一定时期内教育现象某种数量特征的统计数据，它通过一系列具有内在联系的指标和科学的计算方法全面地反映教育发展的规模、水平、比例、速度等，科学地揭示教育发展的规律和趋势，是国家和各级政府作宏观调控和决策的重要依据。因此，构建一套完整的教育统计指标体系，并对其进行综合的分析和研究，是揭示教育问题和矛盾的关键，而寻找问题和矛盾产生原因以及对策，又是进行不同国家、不同区域、不同历史时期比较研究的重要内容之一。

20世纪80年代以来，我国教育事业有了稳定、持续的发展，并取得了显著成就，教育统计系统也日益健全，突出的特点是教育统计指标的逐步规范化和统计数据的公开化。20世纪80年代以来，我国建立了包括7类90项的教育统计调查指标体系，90年代初，建立了包括4类77项的教育评价监测指标体系（见附录三），与此同时，也开始系统利用《中国教育年鉴》等逐年报告我国教育发展的基本信息①。目前，教育部公开发布的教育统计数据主要有两类来源。一类是发展规划司编辑的《中国教育统计年鉴》②，主要是从教育发展综合部分；学前教育、基础教育、高级中等教育、高等教育、成人教育、职业教育、特殊教育和扫盲教育等全国各级各类学校的

---

　　①教育统计调查指标侧重于教育现状的数量型描述，基本上属于原生性或基础性指标，而教育评价监测指标侧重于对整个国民教育水平、结构及其支持条件的评价和监测，全部为再生性或结构比例性指标。具体指标见附录二和附录三。

　　②《中国教育统计年鉴》从1991年起改名为《中国教育事业统计年鉴》。

分布情况；办学条件、科学研究活动及其他几个方面来描述我国教育发展的总体情况。其中，对于各级各类学校又分为几个角度来进行描述，如学校数量、学生入学率、毕业生数量、教师数量、教师的合格率，等等，对每一个方面一般都与上一年作比较。另外《中国教育统计年鉴》还从学校的设施等方面说明教育发展的状况，如校舍面积、危房状况、教学仪器的数量，等等。另一类是财务司编辑的《中国教育经费统计年鉴》，它主要是公布各级各类学校教育经费投入和使用年度情况，包括教育经费收入、教育经费支出、办学效益、生均经费等四大类指标，按照全国和地方、机构类别、收入来源、支出类别等分类进行统计。

表 2.3　我国教育统计指标体系内容框架①

指标类别	指标内容
教育人口	招生人数、在校生人数、毕业人数
教育机构	学前教育机构、义务教育机构、高中阶段教育机构、普通高等教育机构、成人培训机构、扫盲教育机构、特殊教育机构
教育投入	师资投入：教职工总人数、专任教师人数、专任教师学历合格率、专任教师职称情况、专任教师变动情况、专任教师年龄情况 办学条件：校舍建筑面积、生均校舍建筑面积、理科实验设备和教学仪器达标率、实验室建筑面积达标率、图书馆达标学校比例、体育场馆达标率、中小学校标准化校舍比重 资金投入：教育经费总支出、国家财政性教育经费支出、预算内教育拨款、各级教育生均预算内教育经费、各级教育生均预算内公用经费、预算内教育经费支出占财政支出的比例、国家财政性教育经费支出占国内生产总值的比例
教育效益	教育内部效益：辍学率、升学率、生师比 教育普及化程度：义务教育人口覆盖率、各级普通教育毛入学率、各级普通教育毕业生升学率

从表 2.3 可以看出，这些统计数据在一定程度上描述了我国的教育发展状况，为我国政府有关教育政策的制定提供了颇有意义的信息参考，具有

①笔者根据《2000 年中国教育统计年鉴》和《2000 年中国教育经费统计年鉴》整理而成。

非常重要的基础性价值。然而，很多人认为我国的教育统计报告并不是真正意义上的教育指标体系，教育统计年鉴里的信息也并不都属于教育指标。因为教育指标具有很强的目的性，它关注的是教育系统的关键特征，能够进行某种目的的比较，并且具有一定的政策相关性，而教育统计指标是对教育系统基本状况的原始描述，大多只是原始数据的呈现，不仅没有统一的理论分析模式，还有与现行政策脱节的缺陷。

教育是一个多目标、多功能、多层次、多要素的错综复杂的系统，要想全面、客观、科学地反映和评价教育事业发展的整体状况，教育统计指标体系必须由一系列相互联系、相互制约的能够反映教育现象的统计指标所构成。长期以来，我国的教育统计指标体系不能系统、全面地反映教育的总体发展水平，只能粗略地描述我国一定时期内教育发展某一方面的发展情况；教育统计指标有些滞后于教育发展现状，逻辑性和可比性较差；指标内容涵盖范围较窄，如常规的教育统计中缺少公平的纬度，分城乡、分性别的数据残缺不全，分阶层的数据则完全没有。因此，教育公平指标体系是在教育统计指标的基础上，设计得更为综合化，能够更完整地表现教育系统公平特征的指标体系。

（2）我国教育现代化指标的发展。20 世纪 80 年代初，教育现代化理论及其指标体系研究开始受到世界各国的重视，我国教育学术界的不少学者对教育现代化的评估指标体系展开了深入的研究和探讨。从横向上看，主要集中于国家层面的现代化指标体系和区域层面的教育现代化指标体系的研究；从纵向上看，研究涉及高等教育、基础教育、职业教育等各级各类教育现代化指标体系。尽管这方面的研究取得了一定的成果，但从总体上看，仍停留在浅层的概念分析和抽象的理论思辨阶段，缺乏系统、有效的检测标准。就目前来说，我国实现教育现代化的纲领和蓝图已经有了，关键是如何全面、准确地评价教育现代化实现的程度，比较与借鉴发达国家的成就和经验，提出有效的政策措施。

20 世纪 90 年代以来，我国学者尝试设计和构建出了一些教育现代化指标体系。浙江大学的杨明提出了 11 项国际教育现代化的指标与参数，包括教育资源投入（公共教育经费、公共教育经费占国民生产总值的比重、人均公共教育经费）、教育规模质量（学前教育毛入学率、小学净入学率、中学净入学率、大学毛入学率、预期的正规教育年数、每 10 万居民中大学生数及成人识字率）和教育效率（留级生百分比）[1]。根据教育现代化是一个具有明显阶段性特征的历史进程这一观点，谈松华等人认为应把教育现代化的发展分为初级阶段、中级阶段和高级阶段；为了衡量教育现代化实现程度，他们提出了一项包括定性和定量两个部分的教育现代化实现程度评价指标体系，其中，定性指标主要有教育制度、教育思想、教育内容、教育管理、师资队伍等方面，定量指标包括教育资源投入（公共教育经费占GDP 的比例、人均公共教育经费）、教育规模数量（15 岁以上人口的识字率、平均预期受教育年限、中等教育的毛入学率、高等教育毛入学率、每10 万人中大学在校生人数）等 7 个指标[2]。还有学者在对世界中等发达国家和地区教育发展的若干关键性指标进行分析的基础上，结合北京、上海、深圳等发达地区基础教育现代化的指标，提出了我国发达地区"十五"时期和 2010 年基础教育现代化发展水平指标体系设定的建议，该建议的指标体系包括教育投入指数、教育规模指数、教育成就指数和教育质量要求 4 项内容（见表 2.4）。

表 2.4　我国发达地区教育现代化发展水平指标体系[3]

指标类别	指标内容
教育投入 指数	财政性教育经费支出占 GDP 的比例为 5% 左右；政府公共教育投入占义务教育投入总额的 85% - 90%；初等教育和中等教育经费占教育经费比例分别为 45% 和 33%；初等教育和中等教育生均经费支出占人均 GDP 的比例分别为 11% 和 18%；小学教师大专化、中学教师本科化、高中教师达到研究生学历；生师比小学为 24.6∶1，中学为 18∶1；员师比 0.2 - 0.35∶0.8% - 0.65%
教育规模 指数	万人口小学生数；万人口中学生数；小学校均规模；中学校均规模；班级规模控制在 25 人左右

①杨明．中国教育离现代化目标有多远 [J]．教育发展研究，2000（8）．
②谈松华，袁本涛．教育现代化衡量指标问题的探讨 [J]．清华大学教育研究，2001（1）．
③中央教育科学研究研究所课题组．关于发达地区基础教育现代化发展水平若干指标的思考 [J]．教育研究，2001（10）．

续表

指标类别	指标内容
教育成就指数	0-3岁婴儿入托率达到60%以上；3-6岁幼儿入园率达到90%以上；小学入学率达到90%以上；初中入学率达到90%以上；高中入学率达到80%以上；成人识字率在95%以上；常住居民平均受教育年限12年左右；新增劳动力平均受教育年限14年左右；每10万人口中文化程度分布状况；处境不利地区人群教育状况明显改善；适龄流动儿童少年、残障儿童少年、家庭贫困学生、少数民族学生的就学机会和质量明显提高；留级生和辍学生现象基本消失；教育信息化程度，基本实现校校通；外语教育程度，即在小学同步进行双语教学
教育质量要求	基础教育质量在全国居于领先地位；教育体系具有先进性和示范性；教育模式具有鲜明特色；体现全民教育、终身教育和素质教育思想；确立依法治教、依法促教的观念；教育观念现代化、办学条件标准化、教师优质化、课程结构合理化、教育管理科学化、教育技术多样化、学生成长主体化

当前提出的教育现代化指标体系基本上涵盖了教育现代化评价的主要方面，也具有较强的可操作性，同时，教育规模的扩大、教育普及水平和发达程度在一定程度上也意味着教育公平状况的改善，因此，在教育现代化指标体系中对教育公平的测量并不缺乏，但都是体现在"总量—人均"的评价模式中。虽然"总量—人均"模式可以在总体意义上反映教育公平状况的变动，但作为衡量教育公平状况的专门指标却并不理想。因为，公平意味着一种资源或利益的合理分配，而这种分配合理性的评价单位是不同的群体①。此外，当前这些教育现代化指标体系的构建缺乏深层的理论基础和严谨的逻辑结构，也缺乏对我国社会大背景的综合考虑。例如，在教育现代化指标体系中涉及了教育公平方面的指标，如"处境不利地区人群教育状况明显改善；适龄流动儿童少年、残障儿童少年、家庭贫困学生、少数民族学生的就学机会和质量明显提高"等，但对于教育公平与教育现代化之间有着什么样的关系却没有加以说明。所以说，在我国目前教育公

①杨东平，周金燕. 我国教育公平评价指标初探［J］. 教育研究，2003（11）.

平问题日益突出的情况下，建立专门的教育公平指标体系成为当务之急。

总之，从国内外教育指标的发展来看，国内目前对于教育指标的研究还不够系统和深入：指标体系的构建没有建立在一定的理论基础之上，也没有自己的理论分析框架；指标之间缺乏严密的逻辑性、统一性，指标比较分散；指标体系的内容不够全面，对教育结果、学生成就的测量比较欠缺；建构指标体系所需要的信息资料大多依赖官方统计资料，资料来源过于单一；对专题性的教育指标研究不够，尤其对教育公平指标关注不多。因此，加大国内教育指标的研究力度，扩展教育指标的研究范畴，吸取国外教育指标研究的先进经验，结合我国具体国情及时开发和研制适合我国教育发展需要的专题性教育指标体系是当务之急。

二、国外教育公平指标的研究与发展

近年来，世界各国均致力于指标的研究与发展以监测本国或本地区教育系统的发展状况，其中也包括对教育公平指标的开发。从国际上看，许多国家都十分重视在教育政策和教育指标制定中体现教育公平，如美国每年出版的《教育现况》，作为教育政策的重要参考依据，主要包含了教育公平的四大维度：种族差异、性别差异、社会经济背景和地区差异，为美国的教育公平状况提供了全面的测量评价标准；法国教育部出版的《法国教育》中，也分别包含了反映地区差异、制度公平、受教育者的社会经济背景差异等内容的教育公平指标①。在这里，笔者选取欧洲作为发达国家的代表，拉丁美洲作为发展中国家的代表，对其关于教育公平指标的研究与发展进行介绍，以期对我国教育公平指标研究的理论与实践有所启示。

（一）欧洲的教育公平指标体系

从 OECD 的《教育概览》（Education at a Glance）到《欧洲教育的重要数据》（Key Data on Education in European）度量教育不平等的指标在国际范

---

①National Center for Education Statistics. The condition of education 2000 ［R］. Washington, D. C.：Government Printing Office，2000：125 – 186.

围内已经出现很长一段时间了。作为国际学生成就评价的结果，各种相关报告不断被发布，度量不平等的教育指标也在其中。除此以外，一些国际教育研究项目也提出要在几个重要领域进行比较研究，如学校教育中的社会不平等这一领域。其中，欧洲国家对于教育系统公平性的研究以及对于教育公平指标体系的开发，具有系统性和运用比较方法的新特征，值得我们学习和参考。

1. 欧洲的教育公平指标体系

早在 20 世纪 60 年代，当欧洲各个国家的科学家们在为学校教育中的社会不平等持续性存在提供证据的时候，"教育公平"还没有真正成为一个政治问题：人们并不认为国家政府应该为这些不平等负责任。当时，尽管人们对于"教育公平"这一论题的出现并没有特别敏感，但该问题被提出以后却很快得到了发展。

事实上，在欧洲，人们常常通过教育是否公平来判断一个政府的优劣，他们对代表他们权利的教育资源的分配也很感兴趣。例如，他们认为学校选择权利是一项基本的、符合宪法规定的权利，从公平的角度来说，这项权利不能被任何方面的因素所限制。此外，他们对教育系统的效率问题也同样感兴趣。例如，教育成本、教育系统内在和外在的效率、教育系统对于那些对社会和国家有用的技能的包纳，等等。总之，他们不断设置关于效率的指标，而对公平同样报以衷心的祝愿。在他们的研究视野中，公平不能被其他任何方面所代替，公平与效率同等重要。因此，为了给公民以及那些应该对教育系统负责任的人提供有用的信息，开发和出版关于教育系统公平性的指标体系就变得十分必要了。欧洲国家的教育公平指标体系共分为三级指标，其中包括 4 个一级指标、12 个二级指标和 29 个三级指标（见表 2.5）。

表 2.5　欧洲的教育公平指标框架①

一级指标	二级指标	三级指标
A. 教育不均等的背景	A1 个体的教育结果 A2 经济和社会的不均等 A3 文化资源 A4 渴望和感知	A11 教育的经济条件 A12 教育的社会条件 A21 收入不均等和贫穷 A22 不均等的经济保障 A31 成人的教育水平 A32 15 岁学生的文化资源 A33 15 岁学生的文化实践 A41 15 岁学生的职业抱负 A42 学生的公平标准 A43 学生对于公平的普遍观点
B. 受教育过程的不均等	B1 教育接受的数量 B2 教育接受的质量	B11 受教育年限的不均等 B12 教育消费的不均等 B21 15 岁学生获得教师帮助的感知 B22 15 岁学生对于学习氛围的感知 B23 隔离 B24 学生被公平对待的感知
C. 教育自身的不均等	C1 技能 C2 个人的发展 C3 学校教育经历	C11 在非义务教育阶段技能的不均等 C12 学校的优势和劣势 C21 学生的个人知识 C31 学校教育经历的不均等

①M. Demeuse, A. Baye, etc. Equity of the European Educational systems: A set of indicators [R]. London: A project supported by the European Commission Directorated General of Education and Culture Project Socrates SO2 –61OBGE, 2003: 33.

续表

一级指标	二级指标	三级指标
D. 社会和政治对教育影响的不均等	D1 教育和社会的流动性 D2 对弱势群体的教育补偿 D3 对不均等共同努力	D11 由于教育水平的职业成就 D12 社会出身对职业地位的影响 D21 为了让处境最不利的人受最多的教育所作的贡献 D31 学生对教育系统公平的判断 D32 学生对教育系统的期望 D33 在教育系统中学生对公正的感受 D34 忍受/不能忍受 D35 社会政治参与 D36 对制度的信任

2. 欧洲教育公平指标体系的设计原则

为了能够以一种系统的方式成功地设计教育公平指标体系，欧洲的国际学术研究团体拟定了一个基本的指标框架，这一指标框架将在上面提出的教育公平指标体系中已经得以呈现。目前，这一指标体系已经被作为典型所采纳，并产生了几个指导原则，这些指导原则决定着在该指标体系中教育公平指标的设计和选择。

（1）这些指标必须能够在现存的各种各样的公正原则背景下进行讨论，而不是仅仅适合其中的某一种。为了尽可能宽泛地回答各种可能发生的问题，而不是根据一个特别的原则预测答案，让指标体现各种趋势是非常必要的，也便于以公正的观点与收集到的数据进行比较。根据这个原则，必须要对涉及的领域进行选择，并且运用联合的方法收集和处理数据也应该被考虑。指标的选定和构建需要设计一个二元的框架：指标框架的第一个纬度是横向的，横向纬度是为收集、分析和解释数据的理论建构服务；指标框架的第二个纬度是纵向的，纵向纬度使我们能够选择和建构所要研究的领域。公平的指标在这个二元的框架中被合并。

（2）对于大多数教育系统背景下的资源分配来说，相关的教育不均等可以分为三种主要的类型：个体之间的差异、群体之间的不均等和处于最低需求线以下的个体比例。一般来说，教育公正会从以下三个视角来进行考虑：个体技能的不均等不一定会阻碍社会合作；个体的社会身份不一定会阻碍他/她的学业成功；为了能够在现代社会有一个体面的生活，没有一个处于最低技能需求线以下的学生会离开教育系统。

（3）在相关的个体分类中，最重要的是"哪些因素是个体不能够逃避的"。一般来说，我们对个体进行分类的三个指标是：社会经济地位、种族和性别①。这种分类选择本身是有缺陷的，因为这些"最重要的因素"是被历史先天赋予的，而不是人为可以决定的。事实上，构建相关个体的分类已经是一种政治行为或者社会行为，而不是管理者或者哲学家自己的事情。我们期望教育公平指标的构建能够根据我们时代共享的信仰，从公正的观点出发，明确引起问题的原因究竟是什么。

（4）在教育系统的资源分配中，我们应该关注的是在哪些环节进行公平分配对于个体或者国家的民主生活来说是更重要的。教育系统的资源分配是学校教育导致的直接结果（如知识、态度、技能、品质），正如学校教育的间接结果（如社会地位、职业地位、就业能力）和教育过程中的某一方面（如受教育年限、教育的公共支出）一样，但是这些资源的再分配对于学生有着很大的影响（如惩罚、谴责、微笑、朋友等）。资源只是教育过程的一部分而不是全部，但是，拥有这些资源的受教育个体具有先发优势，例如技能、学历、专业地位等等甚至更多。也就是说，事实上，教育不平等往往是受教育者使用从教育系统中获取的资源的结果而不是从教育系统中得到的直接产物。

（5）教育公平指标体系不仅要测量教育结果的不均等（成就、职业等），而且还要测量影响教育系统不均等的根源以及教学过程本身的影响。要判断教育系统的公平性，除了测量教育系统自身的公平性以外，还要考虑在教育系统中起作用的社会背景因素（社会和经济的不平等等）和教学过程中起作用的影响公平的因素（师生关系等）。我们清楚地知道，这些外在的不平等通过内在的不平等起作用，如与贫穷的、外来的学生相比，其他的学生受到老师更多的关注；与贫穷的和处于不利社会地位的学生相比，

①Walo Hutmacher, Douglas Cochrane and Norberto Bottani（eds.）. In pursuit of equity in education: using international indicators to compare equity policies［M］. Dordrecht/ Boston /London: Kluwer Academic Publishers, 2001: 141.

其他的学生在一定时期内取得的进步更大。这些往往并不是因为他们具有先天的障碍（智力上的）或者外在的障碍（处于不利的社会地位），而是因为他们与其他学生相比拥有更为恶劣的学习环境而已。

（6）理解与学校日常生活相关联的不公正是重要的，例如学生被制度、雇佣者或者他们所在的班级对待的方式。我们应该对教育过程加以关注，教育过程中的不均等不仅导致教育结果的不均等，并且它们其中的一些作为学生学习经历的一部分也是不公平的①。如尽管一些学生被侮辱、被歧视的事实可能对于他们的学校生涯没有影响，但这些学生将仍然遭受苦难，仍然是不公平的受害者。一直以来，学校经历的重要性被不断缩小，如果今天这不再是一件无关紧要的事情，那不仅仅因为我们更多地意识到了它在产生学习不均等中扮演的角色，也因为它形成了公平体系的受益者——父母和学生对于国家制度进行政治判断的一个重要因素。这是为什么我们努力测量影响学生日常经历不公正状况的重要原因。

（7）一个公平的教育系统也应该有利于社会公平，因此，指标必须不仅要反映教育不均等，还要反映这些不均等对于社会和政治的影响②。一个能够被人们所接受的公平的教育系统，不仅应该是一个公正地分配教育的系统，而且还应该是一个通过分配教育的方式来使社会更加公平的系统。因此，教育公平指标体系不仅要考察教育系统的公平性，还要考察教育不平等的社会影响，这方面的探究可分为个体的和集体的两种形式：对于个体来说，他/她可能处于学校等级的上层或者底层，这种个体的排列分布反映了社会的因果关系，而群体的排列分布则反映了教育资源的分配和使用对于社会公正的影响，尤其是对于绝大多数受教育者的影响。

（8）指标体系应该测量不均等，但是也应该明确公民对于当前教育系统是否公平的判断，指标就包含在这些判断之中。无论产生教育不平等的社会机制多么强大，只有公民容忍这些行为，这些机制才能够被运用。也就是说，大多数人考虑该问题的时候，并不太公正，至少不是充分公正地

---

① A Baye, M Demeuse, etc. A set of indicators to measure Equity in 25 European Union Education Systems [R]. London: Project supported by the European Commission Directorate General of Education Culture Socrate Programme 2006: 52.

② Walo Hutmacher, Douglas Cochrane and Norberto Bottani (eds.). In pursuit of equity in education: using international indicators to compare equity policies [M]. Dordrecht/ Boston /London: Kluwer Academic Publishers, 2001: 144.

以接受一场政治斗争的代价来反对这些社会机制，或者对大多数人来说，他们并不确信这些机制是不公平的，以至于他们将要反对这些社会机制开始这场斗争。如果说教育公平是一个政治问题的话，那么对于教育公平的判断以及判断的标准究竟建立在哪些基础之上，理所应当也是很重要的。这不仅仅关系着学生如何被公正的对待，而且关系到人们渴望拥有一个公平的教育系统的美好理想。

3. 对我国的启示

欧洲国家对教育公平的研究主要是从教育与社会阶层之间的关系、教育对社会分层的影响以及欧洲国家在多大程度上存在着教育不公平等方面来考虑的，它们分别以个体和国家为分析单位，比较了个体在学业成就上的差异。通过比较，可以得到以下几点启示。

首先，欧洲国家的教育公平指标涵盖面更广，更具有系统性，包括教育不公平的背景、受教育过程的不公平以及教育结果的不公平。而国内的教育公平指标比较单一，一般仅仅选取几个单一的指标，不能很好地反映我国教育公平状况的全貌。

其次，欧洲国家的教育公平指标更加侧重于对弱势群体的教育补偿，而国内的教育公平指标对此却没有体现。

再次，欧洲国家的教育公平指标更为关注阶级差异、种族差异和性别差异，而国内的教育公平指标则更为关注地区差异、城乡差异和校际差异。

最后，一个国家的教育公平指标体系，不仅需要反映本国的国情和特点，还要考虑国际可比性，借鉴或采用联合国教科文组织制定的《国际教育标准分类》，以增强指标的导向作用。此外，教育公平指标也不应该仅仅局限于客观的统计数据，不仅可以是定量指标，也可以是主观指标。

（二）拉丁美洲教育公平指标的发展及启示

拉丁美洲是世界上收入和财富分配最不公平的地区，在那里，10%的上层人占有国民收入的50%，而50%的下层人占有国民收入的比例不足10%。在过去的20年里，这种收入分配的不公平不仅没有得到任何改善，事实上，而是变得更加不公平。拉丁美洲大多数的不平等现象在很大程度上是和巨大的收入差距紧密相连的，而教育系统的不平等则是影响收入差距的重要因素①。教育系统的不平等通常和性别、年龄、种族、地理和阶层等因素相联系。因此，为了提高教育的质量和分配，首先要做的就是调查和分析该地区教育系统的不平等状况。

教育指标或者教育系统的统计数据可以用来定义、描述、分析、合法化和检测教育系统自身，是分析教育问题和形成教育决策的有用工具。在过去的 20 年里，大量的指标被开发用来监测拉丁美洲地区的教育系统，这些指标主要是关于入学机会，还有一些是关于所提供教育服务的质量，但令人遗憾的是，尽管拉丁美洲地区存在着大量的不平等现象，但对教育不平等指标的使用却并不多见，在发展教育公平指标方面，拉丁美洲也远远落后于其他地区。

1. 拉丁美洲教育公平指标的发展

近年来，拉丁美洲开始不断致力于指标的发展以监测该地区的教育系统，其中，包括对教育公平指标的开发和研制，有代表性的是拉丁美洲国家与一些国际组织的合作以及对于世界教育指标项目（World Education Indicators Project，WEI）和教育指标区域项目（Education Indicators Regional Project，EIRP）的积极参与。

（1）世界教育指标项目。1997 年，在经济合作与发展组织指标项目的基础之上，来自世界各个区域的 11 个发展中国家与联合国教科文组织一起发起了世界教育指标项目。启动这一项目的目的在于检验经济合作与发展组织指标的方法论，探讨如何基于数量指标制定教育政策，寻找最能反映教育特征的指标体系，收集和积累数据以确定教育发展的情况，等等。当时，仅仅只有 3 个拉丁美洲国家参与，它们分别是：阿根廷、巴西和智利。1998 年，又有 7 个国家加入这一项目，其中包括乌拉圭和巴拉圭，至此，总共有 5 个拉丁美洲国家参与该项目。

WEI 项目致力于开发一套具有国际可比性的切实可行的指标体系，其中，"公平"是 WEI 项目关注的一个重要内容，因为实现教育系统发展的一个重要方面是确保所有人的利益以及减少群体之间的差距。WEI 项目在

①American Development Bank. Facing Up to Inequality in Latin America: Economic and Social Progress in Latin America 1998 – 1999 Report ［R］. New York: American Development Bank, 2000: 9.

1999 年的报告中指出，教育系统的不平等主要体现在以下三个方面：入学机会、受教育年限和受教育质量。报告还指出，差距通常建立在性别、收入水平和居住地区（如城镇和农村）等基础之上。然而，除了性别以外，没有指标是对这些教育不平等的调查和测量的。

根据联合国教科文组织最近进行的一项研究，当种族和收入变量被提出的时候，性别已经扮演着一个重要的角色。贫穷的当地妇女与别的群体相比有着较少的受教育机会，并且有着很高的辍学率。1999 年报告测量了16 个参与国中 11 个国家完成初中以及初中以上教育的妇女比例，可分析数据的时候，却仅仅讨论了不同的性别在获得成就上的不同，而且报告也只是在平均水平上提到了在教育成就上的性别差距，对于 5 个拉美国家的教育不平等状况没有任何提及。1999 年报告还讨论了收入差距与居住的地理位置（城镇/农村）之间的关系。然而，与对性别的研究一样，报告也没能提供更为详细的相关指标。

不可否认，WEI 项目的开展在推进和开发教育公平指标方面为参与国提供了大量的技术支持，然而，在创建具有国际可比性的指标时，与独特的国家特征相联系的公平问题可能会被更大众化的指标所破坏，对于单个的国家来说，这些指标对公平政策的形成起不到太大的作用。因此，参与国在开发和研制教育公平指标时应该考虑自己国家的国情和特点，不能简单地移植发达国家发展教育指标的方法论和建构模式。

（2）教育指标区域项目。EIRP 是 UNESCO 区域办公室的一个提案，由拉丁美洲、加勒比和智利的教育部长负责，该项目旨在要为美洲开发一个基础的、具有可比性的教育指标体系。在美洲的第二次高峰会议上，参与国的主要领导人采纳了这一行动计划，这个行动计划的内容包括加强成员国的教育信息体系以及在该区域内建立教育指标的比较方式和方法①。这次会议无疑是成功的，拉丁美洲和加勒比的 38 个国家都接受了这一提案，参加了 EIRP。EIRP 不仅提供了教育信息系统发达国家和教育信息系统不发达国家之间技术合作的平台，也促成了由国家技术人员和实施者组成的工作团队的产生。

---

①UNESCO. Education Indicator Regional Project 2000［EB/OL］（2001－11－08）. http：//www. unesco. cl/esp.

EIRP 力图构建五种类型的指标，包括背景、资源、制度执行、质量和社会影响。其中，受教育机会的平等作为一个横向的主题对这五种类型的指标来说是共同的。尽管如此，但对于复杂的教育公平指标的发展并没有给予太多关注，即使这些都是很基础性的指标。作为这一项目执行的监督者，安娜·玛丽（Ana Mary）认为，这应该是因为拉丁美洲和加勒比的一些国家仍然没有与入学相关的、基础可行的教育指标或者每一年龄段学生入学的基础数据。她还解释说，为了构建一个具有国际可比性的指标体系，所有的国家不得不停留在同一阶段①。尽管为了达到目标，拉丁美洲地区面临着许多挑战，但是，在对拉丁美洲构建教育公平指标的指导方面，EIRP 项目所起到的作用很明显是非常重要的。

无论如何，包括拉丁美洲在内的一些国家为发展教育公平指标作出了很大的努力，这是因为他们意识到教育公平指标是教育公平问题应该被重视的一个显著标志。对于拉丁美洲来说，在以后很长的一段时期内，除了整体的教育指标之外，还应该关注各个国家的教育指标。这是因为只有这样，每个国家才能够观察和意识到自身教育系统的弊端，并在以后加以改革。在这一过程中，除了各个国家收集分类的数据信息来揭示教育的不平等外，国际组织发起的国际比较项目也促进了所有信息的发布。

2. 拉丁美洲国家发展教育公平指标体系面临的挑战

国家组织教育指标的研究进展不仅为拉丁美洲教育公平指标的讨论建立了一个理论框架，也给拉丁美洲带来了一系列的启示，但是，拉丁美洲教育公平指标的构建仍然面临着许多挑战。

（1）需要平等推进各个国家的教育数据统计体系。对于拉丁美洲来说，构建教育公平指标体系面临着许多挑战，这些挑战不仅来自深层的经济、社会和文化原因，也来自收集和处理教育统计数据的技术困难。国家教育统计数据的发展水平决定了构建教育公平指标体系的可能性。正如俄菲尔德（Orfield）所说，指标要想是强大有力的，数据信息必须是可信的，而数据信息要想是可信的，必须依靠每个国家教育数据统计系统的发展和改进，

---

①Paula Louzano. Developing Educational Equity Indicators in Latin America ［R］. Boston：Harvard University Graduate School of Education A－97 Field Experience Program，2001：15.

同时，国家的技术能力要能够准确地分析所有收集到的数据信息①。

根据 1997 年发布的一项技术研究，通过分析教育统计数据会发现在国家之间存在着明显的不同。富裕并且技术先进的国家有着发达的教育数据统计系统，如阿根廷、巴西、智利和墨西哥，而比较贫穷的国家，比如玻利维亚、圭亚那和美洲中部的一些国家，它们的教育数据统计系统是非常落后的，而大多数国家正处于二者之间（in between）。尽管如此，在这一时期的研究过程中，一些国家已经有了一些改进，比如巴拉圭和乌拉圭，由于在 WEI 项目中获得了经济合作与发展组织的技术帮助，已经明显地改进了他们的数据统计技术。另外，由于构建全民教育（Education for All，EFA）指标体系的提出，那些非常贫穷的国家也发展了他们收集和处理统计数据的技术能力，与此同时，联合国教科文组织的 EIRP 项目也在和该地区的所有国家一起努力。

无论如何，国家之间的不同仍然存在，因此，要想构建一个具有可比性的区域指标体系，就要考虑该地区的一些国家在收集和分析数据方面可能存在的局限性。对于拉丁美洲国家来说，EIRP 是一个关键性的项目，因为该项目致力于构建信息统计系统发达地区与信息统计系统不发达地区之间的桥梁。

（2）需要开发反映不同地区特殊需要的教育公平指标。在构建教育公平指标的过程中，拉丁美洲应该考虑到不同地区的不平等有着不同的特征，正如世界其他国家一样，尤其是经济合作与发展组织成员国。因此，该地区应该警惕不能简单地采用经济合作与发展组织专门针对发达国家的构建教育公平指标的方法论。例如，作为教育资源充裕的发达国家，经济合作与发展组织国家的教育公平指标主要关注教育质量，然而，在拉丁美洲，由于教育资源还十分有限，尽管小学和初中的入学率已经有了很大的提高，但教育公平问题仍主要集中在入学机会和教育资源分配上。根据联合国教科文组织的统计数据，玻利维亚、尼加拉瓜、萨尔瓦多和危地马拉小学适龄儿童的入学率仍然不到 80%。此外，从种族、性别、地理和收入水平的分类数据中，我们能够更好地理解这些国家的教育不平等现象。例如，危

①Gary Orfield. Why Data Collection Matters: The role of race and poverty indicators in American education [M]. Washington, D. C.: Springer Netherlands, 2002: 165.

地马拉的本地女性平均受教育年限为0.9年，而本地男性的平均受教育年限却为1.8年。因此，拉丁美洲在发展教育公平指标的过程中，应该考虑到以下几个方面。

首先，拉丁美洲国家应该考虑到他们种族隔离的历史，并把它作为不平等的一个根源。例如，在墨西哥包括本地人在内都在要求他们的权利，这表明在拉丁美洲种族隔离问题仍然没有解决。因此，种族和教育不平等不仅应该受到关注，而且相关的数据也应该被考虑到教育公平指标的发展中来。

其次，收入问题在拉丁美洲也比在别的地区更加受到关注。众所周知，收入水平和教育之间有着紧密联系，因此，这一变量应该被包括到该地区的教育公平指标体系中。为了使这些数据能在国家之间进行横向的比较，国家不仅应该努力收集这些数据，而且应该使这些数据规范化。同样，考虑到生活在贫困线以下的人口数及其与教育机会之间的关系也是非常重要的。

再次，公共部门和私人部门之间的差距，也是拉丁美洲教育系统的一个重要特征。在拉丁美洲，大约有10%的小学生和初中生接受私立教育，尽管比例并不是很大，但是私立教育部门集中了国家的经济精英。假设占该地区人口总量10%的上层人拥有该地区收入总量的50%，这些人又都集中在私立学校，而我们对于他们的情况知道得很少甚至完全不知道，这就使收集私人部门的数据变得非常有意义。

最后，拉美国家应该能够发现新的研究范畴并及时将其纳入到指标体系当中。例如，伴随着经济不平等增长的、快速的区域工业化和城市化，可能已经产生了一个新的空间或地理组成，这时候城乡的二元分类显然已经不能够概括该区域的空间多样性。在美国最大的城市纽约，15%的儿童住在贫民区，这是国家平均水平的三倍。研究美国大城市经济和人口统计的学者哥奇兰（Cochrane）发现，建立在密度、经济和人口统计变化基础上的一般地区与大城市地区在不同的生均收益和学生社会资本方面有着实质性的联系[1]。换句话说，学生的教育结果受到地理模式的影响并产生难以解决

---

①Cochrane D. Economics and Demographics in Metropolitan Communities［M］. Washington，D. C.：Springer Netherlands，2002：343.

的差距问题。

（3）需要深刻理解教育不平等的社会和政治背景。当讨论一个国家群体内部不平等（如年龄、性别、父母的教育成就、空间位置、收入、特殊的学习需要、种族背景等）的时候，我们必须考虑争论者的政治立场及其所处的社会大背景。指标是表现社会现实的一个方式，并且选择强调这个群体的差距而不是另外一个群体，这不仅仅是一个技术方面的决定。一般来说，较为强大的、更为有组织的群体往往会受到更多的关注。

拉丁美洲国家的种族问题同样如此。例如，在教育数据上，性别是一个最普遍的分类，这不仅仅是因为它最容易收集，也是因为作为一个分析范畴，性别在学术上和在世界范围内被普遍接受。然而，如果观察该地区能够得到的数据，我们就会发现在许多教育指标体系中，种族差距比性别差距更为严重。例如，在1999年，巴西的男女文盲率都是13％，然而，其中白种人的文盲率是8％，黑种人的文盲率是22％①。由于读写水平和种族数据是通过家庭调查来收集，所以这种分类是可行的。然而，教育公平体系却仅仅收集性别数据，而不收集种族数据。此外，在拉丁美洲，不同社会阶层之间教育水平差距最初并不明显，随着年级的提高，不同收入阶层子女的教育差距不断加大，例如，仅从五年级看，正在接受教育的南美国家和加勒比地区的贫困阶层子女分别约为63％和32％，而在九年级，分别降到了15％和6％②。因此，研究国家群体内部不平等的时候，要深刻理解教育不平等的社会和政治背景，不仅要关注强大的、有组织的群体的需要，更要反映弱势群体的需要。

3. 对我国的启示

任何指标都有测量的功能，它规定了事物质和量的界限，使之可以测量或者比较。构建教育公平指标体系不仅可以提供分析工具以检测、衡量和诊断我国教育发展的进程和问题，而且可以有助于发现偏差并及时向教育部门发出预警，为政府的宏观决策和科学管理提供依据，以促进教育事业的协调发展。从拉丁美洲发展教育公平指标所做的努力及其经验来看，

---

①UNESCO. Global Monitoring Report 1999 ［R］. Paris：UNESCO，1999：202.

②Paula Louzano. Developing Educational Equity Indicators in Latin America ［R］. Boston：Harvard University Graduate School of Education A－997 Field Experience Program，2001：17.

我们可以获得如下启示。

(1) 构建教育公平指标不仅是教育研究者的责任，更是一种政府责任和政府行为。教育公平不仅是教育问题，也是社会问题，因此，教育公平问题的改善和解决不仅需要教育研究者的努力，更需要政府的支持。教育公平指标的构建必须得到国家有关政府部门的支持，以保障研究资金的来源和研究工作的顺利进行。构建教育公平指标不仅是为了测量和评价教育公平现状，更是为了给政府的宏观决策和科学管理提供依据，因此，只有政府的参与，构建出来的教育公平指标体系才能够真正实现自身的价值。

(2) 改革国家教育统计制度，为构建教育公平指标提供信息基础。我国现行的教育统计制度尚存在诸多缺陷和不足，无法满足教育公平指标对于统计数据和数据分析的要求，如果没有完善的信息基础，即使评价手段再高明，也不能确保得到真实的监测结果。因此，教育统计部门应该尽快改革现行教育统计制度，不仅要加大相应的经济投入和技术支持，还要进一步拓宽教育信息收集渠道，鼓励教育以外的政府机构、私人部门为国家提供数据收集与处理、社会传播和决策咨询等服务，真正承担起为国家政府和社会提供信息服务的重任。

(3) 重视教育公平指标的研制与开发，提高教育公平指标的应用水平。就目前来说，大多数发展中国家包括我们国家对于教育公平指标的研究还处于初级阶段，事实上，由于没有完善的理论和方法，大多教育公平指标都是简单、随意设计的结果，指标的科学性和有效性较低，有的甚至毫无用处。此外，当前研究教育公平指标的主要目的也是为教育决策提供信息支持，但在教育研究中使用教育公平指标的意识并不强。因此，我们不仅要充分认识到教育公平指标研究的重要性，加强教育公平指标的研究意识，更要不断提高教育公平指标的研究水平和应用水平。

(4) 教育公平指标的构建还要考虑社会政治、经济和文化背景与教育发展之间的关系。一个国家的教育发展离不开该国家政治、经济和文化的发展，教育公平指标的构建，不仅仅应该局限于教育系统内部，还应该考虑到整个国家的政治、经济和文化背景。一个严格意义上的教育公平指标，应该对教育发展的相关背景状况也有所分析和反映，只有这样，才能使教育决策在社会大背景下对教育发展有一个科学合理的定位。

资料 2.1

两个孩子的不同命运

　　两个南非儿童在 2000 年的同一天出生。黑人女孩恩塔比森出生在东开普省（Eastern Cape）农村地区的一个贫穷家庭，家里距开普敦大约 700 公里，母亲没有接受过正规教育。白人男孩彼得出生在开普敦的一个富裕家庭，母亲毕业于开普敦附近的名牌大学斯坦陵布什大学（Stellenbosch）。

　　在恩塔比森和彼得出生的那一天，他们的家庭状况是他们无法选择的：无论是种族、父母的收入和教育水平、出生在城市还是农村，还是他们自己的性别。但是统计显示，这些先天的背景因素对他们的生活将产生重大的影响。恩塔比森在 1 岁前死亡的概率为 7.2%，彼得为 3%，前者比后者高两倍还多。彼得的预期寿命为 68 岁，恩塔比森为 50 岁。彼得可望接受 12 年的正式教育，恩塔比森可望接受的正规教育不超过 1 年。恩塔比森的一生可能要比彼得贫困得多。长大后，她用上清洁的水、卫生设施或上好学校的可能性都小于彼得。因此，这两个孩子充分发挥人类潜力的机会从一出生就存在巨大的差别，而这并不是孩子本人的过错。

　　这种机会上的不平等，导致为南非的发展作贡献的能力也存在不同。由于母亲在妊娠期间营养状况较差，恩塔比森出生时的健康状况可能也较差。因为社会性别、家庭地理位置、教育条件的不同，彼得获得能够让自己充分发挥天赋的教育的可能性要大得多。即使恩塔比森是个有出息的孩子，在 25 岁的时候有一个很好的商业构想（例如一种可以增加农业产量的创新方法），她也会发现，要说服银行以合理的利率借钱给她创业，难度要大得多。相反，彼得如果也有一个同样很好的构想（例如为前景看好的软件设计改进版的方法），因为有一张大学文凭，很可能还有一些抵押物，会发现取得贷款要容易得多。南非正在向民主体制转型，恩塔比森有投票权，也就可以间接影响南非政府的政策，在种族隔离时代，黑人是没有投票权的。但是种族隔离时代遗留下的机会和政治权力不平等的影响，在一段时间内还会继续存在。从这样（根本性）的政治变革到经济社会状况的变化，还有很长的路要走。

　　在南非的彼得和恩塔比森之间，人生机会存在如此惊人的差异，但是与南非平均水平和较发达国家公民之间的差距相比，却又是相形见绌。以同一天出生在一个普通瑞典家庭的斯万为例，看一看他出生时握着一把什么样的牌。他在 1 岁以内死亡的可能性非常小（0.3%），预期寿命为 80 岁，比彼得多 12 岁，比恩塔比森多 30 岁。他可能接受 11.4 年的教育——比南非的平均水平多 5 年。除了受教育年限的差别，更有教育质量的差别：在八年级的时候，斯万参加一种具有国际可比性的数学测验，预计分数为 500 分，南非学生的平均分数却只有 264 分——低于经济合作与发展组织（OECD）国家测验分数的中位数，差距超过两个标准差。而恩塔比森极有可能永远也上不到八年级，也没有机会参加这个测验。

国籍、种族、社会性别和社会群体造成的人生机会差别极不公平，而这种差别还可能导致人类潜力被浪费，以致错失发展机会。这里所说的公平，是指在追求自己所选择的生活方面，个人应享有均等机会，而且最终不应出现极端贫困的结果。这里的主要意思是说，在一些根本性的方面，公平和追求长期富足是相辅相成的。促进公平竞争环境的制度和政策（公平竞争环境是指在成为在社会上活跃、政治上有影响力和经济上有生产力的角色方面，社会所有成员都享有类似的机会）有益于促进可持续增长和发展。增加公平，在两方面有助于减少贫困：对总体的长期发展发挥潜在的有利作用，以及为任何社会的较贫困群体提供更多的机会。

资料来源：世界银行. 2006 年世界发展报告：公平与发展 [M]. 北京：清华大学出版社，2006：1-2.

三、国内的教育公平指标研究

我国对于教育公平指标问题的专门研究相对较晚，20 世纪 90 年代初，国内学术界开始关注教育财政制度对义务教育发展均衡性的影响，并进行了一系列的实证研究；对教育公平指标的研究也由此开始。这方面，实证研究基本可以分为两类。一类是以省为分析单位。1994 年，曾满超把全国 29 个省作为样本，对我国义务教育生均经费进行分析，研究发现 1989 年小学教育支出水平最高的省份生均总经费支出（包括事业费和基建费）是最低省份的 5.2 倍，初中生均总经费支出最高省份是最低省份的 4.5 倍，并且中小学生均支出与各省人均产出水平之间呈高度的正相关关系①。1998 年，王善迈等不仅在省级水平上讨论了省际生均教育经费的地区差异，还用生均教育经费的洛仑兹曲线变化说明了各省的生均经费相对差异的年度变化②。另一类是以县为分析单位。最早利用全国范围的县级数据对我国义务教育生均经费进行分析的是 1992 年的蒋鸣和，该研究的样本包括 374 个县，并且指出了各地区生均经费总支出与人均收入的相关性③。1995 年，蒋鸣和利用抽样调查的资料比较了江苏富裕县和贵州贫困县的生均教育事业费和生均公用经费④。比较全面的是蒋鸣和 1999 年的一项研究，该研究采用 1753 个县的数据，用基尼系数分析了不同收入水平县的人均教育投资的相对差异以及生均教育支出的城乡差异⑤。90 年代中期以后，利用县级数据的研究逐渐增多。从研究结果来看，这些研究一般都发现了生均教育支出与地方经济发展水平和财政能力的相关性，并对生均教育支出的不均等程度进行了测度，有的还研究了教育支出的不均等程度随时间的变化。从研究方法上看，测度不均等程度所用的指标以标准差、极差、洛仑兹曲线、变异系数、Gini 系数和 Theil 系数为主。从研究区域来看，主要比较了不同区域之间（"三片"地区）、城市和农村之间以及民族和非民族地区之间的教育发展差异。从研究的时间跨度来看，一般为一年或者三年，时间跨度最长的是张长征等 2006 年运用教育基尼系数对 1978—2004 年间我国教育公平程度进行的一个实证研究，时间跨度为 26 年⑥。

2003 年，我国有学者明确提出：建立义务教育发展均衡系数，明确教育均衡发展目标，切实保证对教育失衡的有效监控和调节⑦。在这里，义务教育发展的均衡系数的提出主要是受经济学上的基尼系数、国际债务预警线的启示，目的是及时发现义务教育中存在的问题，对决策部门起到预警的作用。所谓义务教育发展的均衡系数就是通过一套比较敏感而又重要的教育指标进行动态分析，通过建立适当的数学模型，得出教育发展的一个

---

①M. Tsang. Costs of Education in China：Issues of Resource Mobilization， Equality， Equity， and Efficiency [J]. Education Economics， 1994， 2（3）.

②王善迈，杜育红，刘远新. 我国教育发展不平衡的实证分析 [J]. 教育研究，1998（6）.

③蒋鸣和. 中国县级教育财政的模式 [R]. 大连：中国教育财政政策研讨会论文. 1992.

④蒋鸣和. 市场经济与教育财政改革 [J]. 教育研究，1995（2）.

⑤蒋鸣和. 中国义务教育发展县际差距的估计 [R]. 上海：教育指标与政策分析国际研讨会论文. 1999.

⑥张长征，郇志坚，李怀祖 中国教育公平程度实证研究：1978—2004——基于教育基尼系数的测算与分析 [J]. 清华大学教育研究，2006（2）.

⑦袁振国. 建立教育发展均衡系数 切实推进教育均衡发展 [J]. 人民教育，2003（6）.

基准值，不同地区、不同学校的发展程度可以通过基准值的比较，获得发展的偏离程度。其中，结合我国实际情况，被认为最具有意义的指标有：生均经费、师资力量、物质资源和学生辍学率。但是，这些直观的数据尽管能看到不同层面教育发展水平的差距，却并不能形成一个完整可靠的判断，因此，还应进行深化研究。此后，对教育公平指标的研究得到了进一步发展，比较有代表性的有以下研究。

（一）"教育平等"指标体系

刘复兴从教育政策学的角度出发，认为任何一个国家的教育政策在追求教育平等的价值取向时，都要在教育平等理想观念的指导下，依据本国现时代社会经济等各方面的发展以及教育发展的可能性来规定教育平等的具体内涵，根据现时期教育发展状况选择教育平等的具体内容、形式和水平。刘复兴初步提出了"教育平等"的指标体系，认为当代我国教育政策应在以下方面具体考虑教育平等问题①。他把教育领域分为义务教育领域、非义务教育领域和全民教育领域，并进一步提出了各个领域相对应的关于教育平等的表现指标，其中，义务教育领域的"教育平等"应表现为：入学权利机会平等、就学条件平等、充分教育、尊重差异性、平等相对于差异的优越性；非义务教育领域的"教育平等"应表现为：机会均衡、同等标准、能力本位、就学条件平等、尊重差异、学业成功的机会均等、差异相对于平等的优越性、高等教育大众化；全民教育领域的"教育平等"应表现为：所有人平等的教育机会、尊重差异、弱势补偿、成功的机会均等、教育结果均等、推动全民教育走向更高水平的社会与教育机会。从严格意义上来说，这些指标只是关于教育平等的理想和理念，还不能称为教育公平指标，但是，这在一定程度上为我们构建教育公平指标体系提供了方向，具有一定的参考价值。

（二）"教育不平等"指标体系

厦门大学的李海涛认为，教育不平等是相对于教育平等来说的。所谓教育不平等，是指教育领域内的一种不平等状态，既包括个人之间的不平等，也包括组间的不平等。教育不平等包括教育机会不平等、教育过程不平等和教育结果不平等三个层次，我国的教育不平等具体表现为：地区间

---

① 刘复兴．教育政策的价值分析［M］．北京：教育科学出版社，2003：196－199.

教育不平等、城乡间教育不平等、阶层间教育不平等、性别间教育不平等、学校间教育不平等等五个方面，其中，地区之间、城乡之间和阶层之间的不平等在教育机会、教育过程和教育结果等三个层次上都有明显表现；性别之间的不平等主要表现在教育机会和教育结果上；而学校间的不平等则主要表现在教育过程中。因此，我国教育不平等评价指标体系不仅能够体现教育不平等三个层次的内涵，还应该能够全面反映上述五个方面的不平等。此外，研究者还认为，由于义务教育、高中教育和高等教育三个阶段的性质和目的不同、受教育者的需求不同，国家政策和政府的作用也不同，因此这三个阶段应该分别进行研究，在每一个层次上都应该对这三个阶段分别进行评价（见表2.6）。

表2.6 教育不平等评价指标体系①

一级指标	二级指标
教育机会	入学率、升学率、辍学率；在校生构成比例
教育过程	生均教育经费；生师比、教师学历合格率、中高级职称比例；生均校舍建筑面积、生均仪器设备总值、生均图书藏量、生均体育运动场馆面积、生机比
教育结果	文盲半文盲人口所占比例，大专及以上人口所占比例，人口平均受教育年限

这套教育不平等评价指标体系中的各指标紧紧围绕教育不平等的内涵，不仅能够客观地描述和反映教育不平等的数量特征，而且体现出了其内涵的层次性。它基本满足指标体系设计所要求的目的性、科学性、可行性、联系性和层次性原则。利用这套指标体系，既可以对全国教育不平等的整体状况从各个方面进行评价，也可以单独用来考察地区不平等、城乡不平等、性别不平等、阶层不平等或者学校间不平等的状况，还可以对不同的教育阶段包括义务教育阶段、高中教育阶段以及高等教育阶段的不平等状况分别进行评价。然而，该指标体系只涵盖了教育不平等的三个层次中那些容易量化的内容，而对于难以量化的内容则没有涉及，如学生的社会和家庭背景、学业成就、身心发展、毕业后成功机会等教育结果方面的不平

①李海涛. 我国教育不平等评价指标体系的构建［J］. 统计与决策，2006（12）.

等都没有纳入指标体系中来。

（三）"教育均衡发展"指标体系

翟博认为教育均衡实质上是指在教育公平思想和教育平等原则的支配下，教育机构和受教育者在教育活动中有平等待遇的理想和确保其实际操作的教育政策和法律制度。教育均衡发展的本质是追求教育平等，实现教育公平。教育均衡发展包括受教育机会均等、教育资源配置均衡、教育过程均衡、教育质量和教育结果均衡等内容，因此，在测算教育均衡度时，可以从这几个方面选定考察指标。"教育均衡"发展指标体系选定的指标共25项，分4个方面进行构建（三级指标略）（见表2.7）。

表 2.7　教育均衡发展指标体系①

一级指标	二级指标
教育机会均衡指数	地区间学生入学率差异系数
	特殊教育学生入学率
	城乡教育入学率差异
	入学率性别差异
教育资源配置均衡指数	地区间公共教育经费差异系数
	地区间生均教育经费差异系数
	地区间生均预算内教育经费差异系数
	地区间生均校舍建筑面积差异系数
	生均教育经费城乡差异
	生均预算内教育经费城乡差异
	危房所占比例
	教学仪器达标率
	图书资料达标率
	教师合格率
	教师合格率以上学历率

①翟博. 教育均衡发展：理论、指标及测算方法［J］. 教育研究，2005（3）.

续表

一级指标	二级指标
教育质量均衡指数	毕业生升学率 学生巩固率 学生辍学率 教师合格率城乡差异
教育成就均衡指数	教育普及程度 城乡非文盲率差异 男女性别非文盲率差异 人口受教育年限的基尼系数 不同经济收入家庭学生入学率差异系数 不同民族学生入学率差异系数

教育均衡发展指标体系综合反映了教育均衡发展的全过程，具有全面性、综合性和整体性的特点。它的总均衡指数可以直观地反映出一个国家或地区教育均衡发展的大致趋势，还可以通过数据分析找出教育均衡发展的临界点，对教育发展起到预警的作用，但对系统内部各个环节教育均衡的发展状况不易直观表现。同时，该指标体系并没有建立在一定的理论基础之上，并且它自身也没有一定的理论分析框架。因为一种真正意义上的指标体系，必定有自己的理论基础和一定的理论分析模式，也正是这一自身的分析模式，才使得对该指标体系的深入分析成为可能。

（四）"教育公平"评价指标体系

杨东平教授和他的学生周金燕使用基尼系数作为教育公平的基本测算工具，构建出了由义务教育均衡指数、高中教育公平指数、高等教育公平指数、教育存量公平指数等四个指数的理想的教育公平评价指标和实用的教育公平评价指标（见表2.8）。

表 2.8　理想的教育公平评价指标体系①

一级指标	二级指标
A. 义务教育均衡指数	义务教育入学机会（城乡、地区、性别、阶层差异） 义务教育教育过程（城乡、地区、性别、阶层差异） 义务教育学业成就（城乡、地区、性别、阶层差异）
B. 高中教育公平指数	高中教育入学机会（城乡、地区、性别、阶层差异） 高中教育教育过程（城乡、地区、性别、阶层差异） 高中教育学业成就（城乡、地区、性别、阶层差异）
C. 高等教育公平指数	高等教育入学机会（城乡、地区、性别、阶层差异） 高等教育教育过程（城乡、地区、性别、阶层差异） 高等教育学业成就（城乡、地区、性别、阶层差异）
D. 教育存量公平指数	人均受教育年限差异（城乡、地区、性别、阶层差异）

　　尽管理想的教育公平评价指标体系能够比较有效地评价、解释我国教育公平的现状，但由于指标设计过于庞杂，并且数据难以获得，在实际应用过程中缺乏实用性和可操作性，因此，他们对该指标体系进行了简化（见表 2.9）。

表 2.9　实用的教育公平评价指标体系②

一级指标	二级指标	三级指标
A. 义务教育均衡指数	A1. 义务教育阶段质量	A1 - 1 小学生均经费城乡差异 A1 - 2 小学生均经费地区差异 A1 - 3 初中生均经费城乡差异 A1 - 4 初中生均经费地区差异
B. 高中教育公平指数	B1. 高中教育入学机会 B2. 高中教育阶段质量	B1 - 1 高中入学率城乡差异 B1 - 2 高中入学率地区差异 B2 - 1 高中生均经费地区差异

---

①杨东平．中国教育公平的理想与现实［M］．北京：北京大学出版社，2006：274.
②杨东平．中国教育公平的理想与现实［M］．北京：北京大学出版社，2006：275.

续表

一级指标	二级指标	三级指标
C. 高等教育公平指数	C1. 高等教育入学机会	C1-1 高等教育入学率城乡差异 C1-2 高等教育入学率地区差异 C1-3 高等教育入学率性别差异
D. 教育存量公平指数	D1. 人均受教育年限差异	D1-1 平均受教育年限的城乡差异 D1-2 平均受教育年限的地区差异 D1-3 平均受教育年限的性别差异

经过简化的实用的教育公平评价指标体系适用于我国整体评价和省区之间的比较，指标涵盖了义务教育、高中教育和高等教育阶段，通过测算以教育经费和入学机会为基础的教育基尼系数来反映我国的教育公平状况，具有一定的系统性和科学性。但是，该指标体系中缺少评价教育质量的有关指标，仅以教育经费和入学机会来衡量我国复杂的教育公平现状，这是不全面的。同时，运用这种简化的教育公平指标体系会让人们忽略很多其他影响教育公平的重要因素，造成一种错误的引导。

资料 2.2

建立教育均衡发展系数

如何判断均衡和失衡，目前国内还没有建立起相关的教育均衡发展指标系统，也缺乏相关国际比较的研究。经济合作与发展组织的教育发展指标体系，通过对教育人口、社会和经济的关系、教育经费投入、教育机会、毕业生供给、学生学习成绩、教育水平以及把投入转化为产出的"教育过程"等方面系统地考察，较好地呈现了一个国家教育发展的状况。1997 年的教育发展指标体系共分为 7 类 41 个指标。结合我国实际情况，我们认为下列指标最具有意义。

1. 生均经费。生均经费是学校经费的日常保证。2000 年，我国普通小学和初中生均预算内事业拨款分别为 479.28 元和 668.08 元，但地区差距悬殊，最高的上海（小学 2756.71 元，初中 2825.60 元）与最低的河南（小学 251.45 元，初中 409.19 元）分别相差 2505.26 元和 2416.41 元。从各地生均经费最高和最低的差距看，小学预算内生均经费的地区差异太大，高低倍率达到 10 倍以上，高于初中预算内生均经费的地区差异。地区间生均经费的差异虽然具有国际普遍性，但没有这么大。如 1994 - 1995 年度，美国中小学生均经费也存在明显的地区差异，但中小学生均经费最高的州（新泽西州）是最低的州（犹他州）的 2.69 倍。

2. 师资力量。我国教师的学历提高非常快，2002 年，小学、初中、高中教师学历达标率已经分别达到 96.8%、90.4%、72.9%，小学教师具有大专学历的达到 27.4%，初中教师具有本科学历的达到 19.7%，但城乡相差悬殊，层次越高，差距越大。小学教师专科学历北京已达到 52%，而低于 20% 的还有 10 个省；初中教师本科学历北京、上海已分别达到 53% 和 64%，而河北、广西、贵州才分别达到 13.6%、89%、109%。

3. 物质资源。物质资源（如校舍、实验条件、教学设备、图书资料）的配备存在着明显的地区差异和城乡差异。西部地区中小学教学仪器设备数量不足，质量不高，校舍面积偏小，危房率高，图书达标率低。东西部差距十分明显，而且不同省区的差距也很大。

4. 学生辍学率。受完规定年限的教育是保证基本教育质量的前提。我国小学入学率已接近 100%，但能完成小学教育的在许多农村地区徘徊在 90% 左右。小学毕业生中能升入初中的虽然有 80%，但完成初中教育的比例更低。

这些直观的数据使我们感到我国不同层面教育发展水平的差距是很大的，但它不能使我们形成一个完整的和可靠的判断。如果对这些数据进行适当的换算和加权平均，形成一个简单有效的参照系数，并定期向社会发布，无疑可以将均衡化的政策落实得更加有利。

资料来源：转型期中国重大教育政策案例研究课题组. 缩小差距：中国教育政策的重大命题 [M]. 北京：人民教育出版社，2005：297 - 298. 有改动.

第 三 章

我国教育公平指标体系的构建

在这个意义上，能力就是一种自由：能过有价值的生活的自由。这样的自由观既意味着个人享有的"机会"，又涉及个人选择的"过程"。假定每个人都在可行的各种"活动"组合中，按自己的标准选择最优组合，那么一个人能够实现的能力就可以通过他的实际选择而表现出来。

——阿马蒂亚·森①

一、我国教育公平的基本内涵和特征

教育公平是一个多目标、多层次、多要素的复杂系统，要想构建一个全面、客观、科学地反映和评价教育公平发展整体状况的指标体系，必须要先深刻理解教育公平的丰富内涵。

（一）我国教育公平的基本内涵

在某种程度上来说，公平是人们判断社会利益和价值分配合理性的一种尺度，它体现的是一种个人所得与其能力之间的相称关系，它超出了统计意义上对群体差异的"量"的检测，而是更多地关注事实是否合乎正义，是一种"质"的合理性的价值判断。公平既是客观的，也是主观的，作为一种社会正义，总是存在着一些客观的评价标准，而作为一种价值取向，

①阿马蒂亚·森. 以自由看待发展 [M]. 任颐，于真，译. 北京：中国人民大学出版社，2002：序言.

它又是人们对分配结果的一种主观感受。因此，对公平的评价也因人而异，所持有的公平观也各不相同。但是，尽管如此，人们在看待教育公平问题时还是会形成一些共识，如追求平等、尊重差异、弱势补偿等，这些都是教育公平内涵的根本体现。

教育公平是现代社会的教育理想和教育政策的追求目标，总的来说，教育公平包括四个层面的含义：一是观念层面上的权利平等，指的是不分种族、阶级、性别等因素，人人都享有同等的接受某种教育的权利，并根据法律赋予他们这种特定的权利，禁止任何的社会排斥或歧视；二是现实层面上的机会平等，即每一个人，尤其是青少年儿童享有同等的接受某种教育的可能性，不受任何的社会排斥或歧视；三是教育过程层面上的质量平等，指的是在教育过程中人人都应该享受到较高质量的教育，包括教育资源配置、师资力量的分配、学校文化氛围的营造等等，尽可能地使每个儿童都能获得充分的发展；四是国家管理层面上的制度平等，即政府部门应该通过教育政策来保障弱势群体的教育权益，营造教育公平的政策环境，克服传统社会所遗留的教育排斥或教育歧视，同时，尽可能地扩大优质教育资源的比例，以及减低广泛的社会不平等对教育公平的影响程度。事实上，我们应该看到，当前讲教育公平，实际上已经不是简单的入学机会的公平，而是接受有质量的教育公平。我国的教育事业，经历了一个令人瞩目的快速发展期，在较短的时间里，形成了世界上规模最大的教育。但是，教育规模的扩大并不一定与教育质量的提高同步，有时甚至要以牺牲一定的教育质量为代价。我国当前无论是提出巩固普及义务教育的成果，还是提出提高高等教育的质量，都是要解决规模和质量不协调的问题。

作为一种教育形式，义务教育公平是实现整体教育公平的基础，义务教育公平具有教育公平的一般含义，但是，义务教育是针对所有社会成员实施的一种基础教育，是一个国家或社会及其成员生存与发展的必要条件，具有公共物品的性质。按照 1985 年 5 月 27 日颁布的《中共中央关于教育体制改革的决定》中的界定：义务教育，即依法规定适龄儿童和青少年都必须接受，国家、社会、家庭必须予以保证的国民教育，为现代生产发展和现代社会生活所必需，是现代文明的一个标志。可见，义务教育旨在为适龄儿童、少年将来继续受教育及参与社会生活提供必要的社会及文化知识的基础，普及性、公共性以及免费性是义务教育的本质特征。然而，目前我国义务教育发展不均衡已经是一个不争的事实，这种不均衡不仅体现在区域之间、城乡之间、阶层之间，甚至即使同一地区的不同学校之间也存在巨大发展差距。因此，义务教育公平又具有不同于其他阶段教育公平的特殊含义：一方面是"人人享有受教育的机会"，即接受义务教育是每个公民的基本权利，这种基本权利和机会在个体之间的分配应该而且必须是平等的；另一方面是"人人平等地接受高质量的教育"，也就是说，每个受教育个体不仅要求入学机会均等，还要求接受相同教育质量的机会均等，义务教育公平的实现必须是教育的普及和教育质量提高的统一。

（二）我国教育公平的基本特征

1. 相对性

在某种程度上来说，教育公平是人们对教育过程中利益关系调整和教育资源配置是否合理的一种主观的价值判断，因此，人们对公平的评价也因人而异，所持有的公平观也各不相同，没有统一的模式和标准。绝对的公平是不可期的，无论社会发展到什么时候，差异和差距都永远存在，能够做的就是尽可能地缩小这些差距，让社会达到一个相对的均衡发展状态。所追求的教育公平目标是努力为所有社会个体争取和创造同等的接受教育的机会，让个人的天赋、努力和主动性等自身的内在条件（而不是让社会地位、家庭背景等某些外在条件）成为导致人与人之间学业成就和经济成就不同的主要原因。只有清醒地认识到这一点，才能够正确认识我国当前教育不公的现状，满怀信心地为实现教育公平目标而努力，而不是去追求一个乌托邦式的教育公平理想。

2. 阶段性

一般来说，教育公平分为教育起点公平、教育过程公平和教育结果公平三个阶段，这三个阶段是一个动态的发展过程，并且每个阶段都具有不同的特征和侧重点，其内涵和标准在发展的进程中不断丰富和修正，没有统一的模式。就目前来说，一方面，受教育权利的平等已经得到人们的共识，在绝大多数国家和地区也已经得到了实现，并以法律的形式被加以确认。对于教育资源充裕的发达国家来说，教育公平所关注的已经开始转向学业成就结果的平等，而对于教育资源还非常有限的发展中国家而言，教育公平问题则还主要集中在各级教育机会的平等上。另一方面，教育本身也具有阶段性，我国的公共教育体系分为学前教育、义务教育、高中教育和高等教育四个阶段。其中，每个阶段呈现的教育公平问题也各不相同，在学前教育和义务教育阶段，教育的不公平更多地体现在教育投入和办学标准等教育过程方面，在高中教育阶段，教育的不公平更多地体现在教育的入学机会方面，而在高等教育阶段，教育的不公平更侧重于教育成就方面。因此，教育公平的阶段性要求在设计和构建我国教育公平指标体系的时候，能够把握每个教育阶段的基本特征和侧重点，有针对性地选取科学合理的指标。

3. 系统性

教育公平是社会公平的一部分，是社会公平的一个子系统，仅仅通过教育自身的努力不可能实现高水平的教育公平。归根结底，教育的不公平源于社会经济、政治和文化的不公平，要想改变我国教育不公平的现状，就要进行彻底的社会改革，从根源上来改变产生教育不公平的社会制度，单凭教育改革是行不通的。所以说，教育公平指标体系的设计和构建还要考虑社会政治、经济和文化背景与教育发展之间的关系。一个国家的教育发展离不开该国家政治、经济和文化的发展，构建教育公平指标体系，不仅仅应该局限于教育系统内部，还应该考虑到整个国家的政治、经济和文化背景。一个全面、系统的教育公平指标体系，也应该对教育发展的相关背景状况有所分析和反映，只有这样，才能使教育决策在社会大背景下对教育发展有一个科学合理的定位。

4. 因地性

教育公平是一个动态的发展过程，它会随着周围环境以及相关影响因素的变化而呈现出不同的特征，这就是教育公平的因地性。从宏观上来看，尽管教育公平是一个国际性的热点问题，但由于国家之间的发展历史、文化传统和具体国情不同，教育公平的关注点也各不相同。与发展中国家相比，欧洲发达国家较为关注学生学业成就的平等，更加侧重于种族差距、阶层差距和性别差距，而较为落后的发展中国家仍停留在教育机会平等的层面上，关注的侧重点各不相同。就我国则主要集中于城乡差距和地区差距。从微观上看，在国家内部，由于各个地区经济、政治、文化和教育发展的不同，教育公平也呈现出不同的特征，城市与农村之间、发达城市和落后城市、重点学校与薄弱学校之间，教育公平的关注点也不尽相同。因此，只有充分考虑到教育公平的这一特性，我们才能更为科学、全面地设计和构建教育公平指标体系。

资料 3.1

国际上的部分教育均衡政策

英国的"教育优先区"政策。英国中央教育咨询委员会 1967 年发表了《普劳顿报告书》，提出了进入教育优先区的具体指标，包括父母的职业、接受政府经济补贴的情况、居住的拥挤状况、住宅中欠缺生活基本设施的情况、学生逃学和缺课的情况、学习障碍学生所占的比率、移民儿童的比率、教师流动率、学生辍学率。这些指标被用来界定处于不利环境的学校或地区，使其成为政府补助的对象。

墨西哥的中央统一拨款办法。墨西哥有 31 个省，其发展也很不均衡，但各省义务教育阶段的生均经费和教师工资由中央统一拨发。各省可以根据各自的经济条件进行补贴。这样各省虽然也有差距，但被控制在一个有限的范围内。比如经济落后或对教育投入缺乏热情的省除了中央拨款以外，几乎没有额外补贴，而富裕并且重视教育投入的省，地方投入相当于中央投入的 70%。这种情况在世界上已经越来越普遍。

美国的教育券计划。对同一区域不同学校均衡发展来说，中央和地方政府的指导、协调和特别扶持作用非常关键。美国在促进学校均衡发展中，首先看到的问题是公立学校的发展缺少活力与危机意识。一些地处经济发达地区、条件比较优越、历史比较悠久、牌子比较响亮且又有政府保障的学校反而不如一些私立学校和条件不利学校更具创新精神。为了实现公平竞争，在更深层次上实现学校发展的均衡化，在部分地区采取了诸如"自由择校"和"教育券"等制度，把国家给每个孩子的教育经费交由他们的家长掌握，投给他们信任的学校，以达到学校发展的均衡。

　　资料来源：转型期中国重大教育政策案例研究课题组．缩小差距：中国教育政策的

重大命题 ［M］. 北京：人民教育出版社，2005：294. 有改动.

二、教育公平指标体系的价值定位与基本原则

在《走向社会报告》中有一句话：在所有情况下，指标都是衡量社会繁荣的直接标准，在其他条件不变的情况下，如果指标是朝着"正向"发展，那么社会状况就会变得更好。为什么选择这个指标而不是那个指标？研制这个指标的目的是什么？所以说，指标是社会状况的直接反映，是有价值取向的。明确教育公平指标的价值定位是研制教育公平指标体系的前提性工作，对于深入理解和正确运用教育公平指标也有着重要意义。

（一）教育公平指标体系的价值定位

任何教育指标体系都不是被随意开发和研制的，无论哪一种指标体系都代表着研制者特定的价值取向。要构建教育公平指标体系，首先要对教育公平指标体系的价值定位问题有以下明确的认识。

1. 体现公平还是效率

长期以来，如何认识公平与效率之间的关系，是学术界争论不休的一个话题。公平与效率是两个不同层面的范畴，对于人类社会来说，公平反映着人类社会生产和生活中的关系，而效率则反映了人对自然的关系。效率是可以用数量来精确描述的客观现实，而人们在谈论公平时，则更多的是客观现实与主观判断的混合体。从人类整体发展的角度来看，公平与效率是统一的，二者统一于人类社会实践的基础之上，但二者之间也存在矛盾。在不同的历史阶段和不同的社会条件下，公平与效率的关系呈现出不同的情形。因此，简单地认为公平与效率是完全相对或者哪一个更为重要，存在理论和认识逻辑上的误区。

早在工业革命时期，就已经打破教育的等级制度，采用集体授课的形式，使更多的劳动者子女接受教育，这不仅体现了一定程度的教育公平，也体现了较高的教育效率。由此可见，教育公平与教育效率并不是不可调和的矛盾关系，二者之间可以维持平衡，达成统一。从一定程度上来说，

教育效率是教育公平的基础和前提，而教育公平又能够促进教育效率。一方面，教育事业的发展要考虑到教育效率，公平程度过高是无效率的，公平程度过低也是无效率的；另一方面，教育公平有助于减少各教育利益主体之间的矛盾，能够调动家长、学生、教师以及教育管理者的积极主动性，为教育事业的顺利发展创设一个和谐、稳定的环境。事实上，教育公平对教育效率究竟是起到促进作用还是阻碍作用，关键在于教育的公平程度以及人们对教育不公平程度的认可度。严重的教育不公平社会必然不受欢迎，而极端的不公平，很多人认为，简直就是野蛮状态。不仅如此，不公平的感觉还可能侵蚀社会的凝聚力，甚至阻碍教育效率的实现。

20 世纪 20 年代，美国通过进行规模浩大的学校调查运动发现，与巨大的投入相比，教育的产出并不尽如人意，这引发了人们对于教育公平与教育效率关系的重新思考。以新保守主义社会哲学理论家的观点为代表，他们认为，如果要追求教育效率，使教育为提高国家竞争力服务，就必须以牺牲一定的教育公平为代价，实施英才主义的教育制度。然而，事实证明，这种英才主义的教育制度只会产生"马太效应"，进一步强化原有社会结构的不公平性。当然，在今天社会教育投资能力十分有限的情况下，让所有的公民在所有的教育阶段都能实现教育机会的均等还只能是个美好的设想，同时，绝对平等、过分单一的教育也满足不了社会多样化的需求。因此，就当前来说，建立绝对公平的教育制度并不现实。

我们在这里探讨教育公平与教育效率问题，并不是为了从根本上解决这个问题，也不是为了能够在二者之间找到一个折中的选择。事实上，教育公平与教育效率不是对立关系，也不是主次关系，二者是两个同等重要的、独立的教育目标。衡量教育是否公平或者能否增进公平，主要看教育制度和教育的发展情况能否导致教育效用价值的合理分配，而这个分配不仅受特定的社会政治、经济和文化背景的制约，还与特定的社会阶级或者社会群体的生活观念、价值追求密切相关。在现代社会，义务教育公平包含着两个方面的基本内容和原则：一方面，保证每个社会成员的受教育权；另一方面，保证每个受教育者都拥有大致相同的受教育机会。这是义务教育阶段必须保证的教育公平的底线标准。在义务教育阶段，在效率和公平之间，政府的职能首先是要维护公平。罗尔斯在他的《正义论》中说道：某些法律和制度，不管它们如何有效率和条理，只要它们不正义就必须加以改造或者废除①。在当前教育严重不公的现状下，我们应该清楚地认识到，期望市场化和效率化的教育自动地产生教育公平是很不现实的，教育需要效率，但这并不能成为教育不公合法化的理由。现代教育应该坚持"教育公平与教育效率并重"的原则，我们应该相信，人类能够在公平与效率统一的基础上进行教育改革与创新，只有这样，才是教育事业可持续发展的必由之路。

2. 关注入学机会还是教育质量

就一般而言，教育公平包括受教育权利的平等、受教育机会和条件的平等以及教育成功机会的相对均等。这三个方面是紧密联系，而且逐层递进的。受教育权利的平等是前提，指的是确保人人都有受教育权利的义务，这往往是由国家通过法律的形式加以确认和保障的；受教育机会和条件的平等是进一步的要求，指的是学生在受教育过程中不仅要有平等的入学机会，还要享有相同的学习条件和待遇，包括教育经费、教育设施、师资水平等方面；教育成功机会的相对均等属于更高的要求和目标，旨在使每一个学生在接受教育后都能达到一个基本的标准，获得学业上的成功。1986年，我国实施的《中华人民共和国义务教育法》，从法律上确认了受教育权利的实现，2006年新《义务教育法》的颁布，又进一步保证了义务教育制度的实施。因此，就目前来说，我国义务教育阶段对于教育公平问题的关注，已经从受教育权利的不平等转到了受教育机会和条件的不均衡上来。我们追求义务教育公平，不仅是保证他们"有学上"，还要保证他们"上好学"，也就是说不仅要为每个儿童提供平等的入学机会，还要保障他们在受教育过程中享有平等的待遇。

早在工业革命时期，在政治上就有明确规定：所有儿童，不分种族、语言、性别和宗教信仰都有权接受免费的、一定年限的公共教育，此时的教育平等还仅限于教育权利的平等。教育权利平等只是一种理论上的平等，在现实中并不平等。19世纪末20世纪初，人们不再满足于教育权利的平等，提出了教育机会平等的观念。教育机会均等原则建立在自由主义的社会哲学基础之上，它假设每个儿童从出生起就具有某种智力上的天赋或某

---

①约翰·罗尔斯. 正义论 [M]. 何怀宏，译. 北京：中国社会科学出版社，1988：2.

些较为稳定的能力，但由于经济和社会的障碍限制了他们用其天赋去取得好成绩，同时也剥夺了他们相应的升迁性的社会流动权利，因此，学校系统应该帮助消除这些外部障碍①。为所有的人提供相同的教育，是受教育机会平等的基本要求，但这并不是要把每个人都拉平，真正的教育平等应该是向每一个接受教育的人提供一个能够帮助他实现自己理想的机会，正如《学会生存——教育世界的今天和明天》中说的那样："给每一个人平等的机会，并不是指名义上的平等，即对每一个人一视同仁，如目前许多人所认为的那样。机会平等是要肯定每一个人都能够受到适当的教育，而且这种教育的进展和方法是适合个人特点的。"② 然而，每个人的智力水平和能力倾向毕竟是不同的，而且就目前来说，我国的社会资源还十分有限，不可能为所有人都提供相同的优质教育，人们所能争取的，只能是接受相同条件的义务教育，并在非义务教育的竞争中，受到公平的对待。

事实上，在我国，为所有人提供相同条件的义务教育仍是一个尚未实现的目标，而地区间、城乡间、学校间教育发展水平的巨大差距，使这一理想的实现显得还有些遥远。其中的原因有很多，有客观上的原因也有主观上的原因，有历史的原因也有现实的原因，但是，尽管如此，还是应该看到，义务教育均衡问题已经被看作一个急需解决的公共问题，相关的教育政策在价值取向上也有了明显的调整，自 2005 年教育部下发《关于进一步推进义务教育均衡发展的若干意见》以来，全国各地都把加强农村教育、改造薄弱学校建设作为促进义务教育均衡发展的关键，尤其是把推进义务教育阶段学校标准化建设放在突出的地位，相信在这种大好形势下，让所有人接受相同条件的义务教育并不是梦。

3. 追求绝对公平还是弱势补偿

对于教育弱势群体来说，仅仅强调平等对待、机会均等并不能从根本上消除教育弱势群体发生的恶性循环过程。如果无视不平等的社会背景条件的存在，给每个受教育者以相同的受教育机会，教育过程势必成为再生产差距的过程，通过教育不仅不能缩小社会现有差距增进社会流动，反而

---

①邬志辉. 教育全球化——中国的视点与问题［M］. 上海：华东师范大学出版社，2004：86.
②联合国教科文组织国际教育发展委员会. 学会生存——教育世界的今天和明天［M］. 上海：上海译文出版社，1982：116.

会成为再生产社会差距的手段。但如果在社会背景条件相同的群体内，给每个受教育者以相同的受教育机会，这既是相对平等的，也是公正的。在这种情况下，差别对待非但没有成为教育公平的阻碍因素，反倒成了追求教育公平的有效途径之一。

西方伦理学家罗尔斯（Rawls）认为，要实现社会公平的目标，教育机构的资源分配应该有所倾斜，即对教育弱势群体在分配教育资源时进行弱势补偿，运用这一貌似不平等手段来达到真正的教育平等的目的。布莱格豪斯（Brighous）从残障学生的角度出发也探讨了这一问题，他认为，以能力更强的学生的发展为代价，将教育系统所有的资源都分配给残障学生显然是不公平的①。对许多残障学生来说，额外资源的增加可能无助于他们取得与健康的同龄人相同的成就水平。然而，有时候也需要为某些学生提供额外资源，如为耳聋学生提供手语解释以帮助他们学习课程。因此，许多国家通过提供额外资源帮助最困难的学生实现公平的目标。

在教育中，机会的平等会促使那些具有同等能力的人之间达到结果的平等，但事实上，并非人人都具有同等的能力，由于个人喜好、天赋、努力和运气的不同，结果总会存在一些差异，因此，追求教育结果的平等是不现实的，差异和差距将永远存在。但是，由自然天赋和个人努力等因素所导致的不平等是可以接受的，也是个体应得的结果，而由制度性因素所导致的不平等则可以通过政策努力进行调和。比如说，不同的社会个体拥有社会资源的多少不同，这属于正常的社会现象，本也无可厚非，然而，问题在于当一个"强势个体"（拥有众多社会资源而自身并不优秀的社会个体）与一个"弱势个体"（自身非常优秀却拥有很少社会资源的社会个体）共同竞争一个教育机会时，是把教育机会给前者还是后者呢？这一问题的本质就在于社会对待教育机会的态度是否公平②。政府应当坚持正义原则，对低收入阶层和弱势群体给予特殊的照顾，使社会弱势人群获得更多利益，不仅要有制度性渠道把弱势群体的需要反映出来，还要有政治性的激励机制使政府去关怀他们的需要。弱势补偿不仅是所谓福利国家的问题，也是民主制度的问题。在发达国家，这种防护性保障在社会福利的名义下已经

①经济合作与发展组织．教育政策分析2003［M］．北京：教育科学出版社，2006：5.
②杨润勇，刘洪翔．义务教育与教育公平新论［J］．中国教育学刊，2004（12）．

基本上建立起来了，在发展中国家，建立弱势补偿的防护性保障更是一项基本建设。

教育公平永远都只能是相对的，社会不可能保证人人在同一条件下接受同等数量和质量的教育，也不能保证人人受教育的最终结果绝对公平。教育公平主要意味着机会均等：机会面前，人人平等。政府的职能就在于营造教育公平的环境，确保每个人通过自身的努力，能够参与公平竞争。如今，人们普遍认为，如果要使残障学生或者处于不利社会地位的学生与其他学生一样，在公平的基础上进行学习，就需要为他们提供额外的资源，以便他们能够像其他学生一样，从教育所提供的利益机会中获益。因此，教育公平除了要把握机会平等的原则外，还要把握社会救助的原则，设计多种方案使社会弱势群体享有同等的接受教育的机会、参与就业的机会以及宪法所赋予的各种权利的机会，使这种不平等降低到最小的范围和程度。

4. 现象描述还是原因分析

在早期的社会指标研究中，人们对指标的定位基本上是社会现状的事实测度和数据收集。美国社会学家奥格本（William F. Ogburn）认为，社会指标不是发表意见，而是应该报告事实，呈现数据和趋势，尽量避免解释与提供政策建议。这种注重"描述－归纳"的研究取向也影响了随后的教育指标研究。20世纪60年代，经济学领域采用"演绎－分析"的测量方法对经济政策进行管理，并取得了成功。这使社会学家认识到，只有在一定的理论框架下探求指标之间的因果关系，为指标进行数据测量和收集才是有意义、有价值的，才能为政府制定教育政策提供真正的帮助。描述性指标的倡导者认为，指标的功用就是描述问题的现状，强调被公众忽视的问题，从而激发公众和决策者寻求对策、创新变革，至于如何解决问题、如何创新变革，并不是指标所要解决的问题。分析性指标的代表者则认为，指标要为究竟应该实施什么样的政策提供证据，从而引导决策者的行为，仅仅描述问题的现状是不充分的①。事实上，描述性指标和分析性指标并不是相互排斥、完全对立的，二者可以结合使用、相辅相成。

我们在研究教育指标时，既要详细研究现有的国内外相关资料，又要

---

①邬志辉．教育指标：概念的争议［J］．东北师范大学学报（哲学社会科学版），2007（4）．

认真考虑教育指标的功用，忽视任何一个方面都是非常不明智的。目前，国内大多数教育指标研究大都是对国际教育指标研究经验的介绍，虽然其中也不乏考虑到我国的现实国情，然而这种归纳性研究毕竟缺少对我国教育现状系统的实证调查和深入了解，难以提出真正有价值的、可操作的政策建议。同样，教育公平指标体系也不仅仅是测量教育不公平的程度，还应该在检验各种导致教育不公平原因的理论方面发挥作用。比如说，在义务教育和非义务教育阶段，由于政府的角色、功能有所不同，建构指标的出发点也应有所不同。衡量义务教育公平的指标应具有较强的政府导向，而非义务教育的公平指标则更多地作为一种社会问题来呈现。因此，我国的教育公平指标研究应该在借鉴国外教育指标研究成果的基础上，通过对我国教育公平现状的实证调查，结合系统的教育公平理论分析，构建出既适合我国国情又具有国际可比性的教育公平指标体系。

（二）构建教育公平指标体系的基本原则

设计和构建教育公平指标体系，除了遵循指标体系的一般原则以外，还要着重考虑以下几个基本原则。

1. 敏感性原则

教育体系是一个复杂的系统，教育事业的公平发展受到诸多因素的影响，除了教育自身的因素以外，还包括社会经济、文化、政治等方方面面的影响。因此，在设计指标时要有所侧重，而不是把所有的相关因素都罗列上去，否则，这样设计出来的指标体系只能是华而不实，没有太大用处。这就要求我们在构建教育公平指标体系之前要深刻理解我国教育公平的丰富内涵，把握影响教育公平的关键因素，把最能体现教育是否公平的指标体现出来，只有这样，构建出来的指标体系才具有科学性和代表性，也更具有应用价值。

2. 全面性原则

教育公平具有深刻而丰富的内涵，教育公平不仅仅涉及教育某一方面的孤立的公平，而是教育系统的整体的公平。教育公平既体现在教育系统的内部，又体现在教育系统的外部，既体现在宏观层面上，又体现在微观层面上，这些方面都要在指标体系中有所体现。指标体系应该尽可能反映教育公平的各个侧面，不使主要内容有所遗漏。当然，这里所说的全面性也不是要面面俱到，而是应选取代表性较强的相关指标，力求使指标体系全面简洁。

3. 层次性原则

教育公平指标体系是一个多层面、多目标、多要素的复杂系统，要想全面反映我国的教育公平发展状态，在设计指标体系的时候，应根据系统的内在逻辑结构分出层次，使指标体系结构清楚，避免指标之间意义相近或者重复，即把指标体系分为若干个子系统，每个子系统下又有多个指标，逐层细化。如教育公平可以分为入学机会平等、教育过程平等和学业成就平等三个子系统，在每个子系统下又包含若干个具体的指标，各个系统之间既相互联系，又相互独立。

4. 可操作性原则

设计和构建教育公平指标体系既要以理论分析为基础，又要考虑指标的可操作性以及数据资料的可获得性。教育指标是教育理论与教育实践之间的中介和桥梁，如果说设计出来的指标体系不具有可操作性，那么多么完美的指标体系都毫无意义，所以说，一个不具备可操作性的指标体系本身就是失败的。目前，国内对于教育公平指标的研究仍处于初级阶段，教育统计制度还不完善，相关统计信息相当缺乏，可操作性往往成为指标体系研究的最大制约因素。因此，构建指标体系时应力求所选指标建立在一定的统计数据基础之上或者具有较强的数据可获得性。

5. 客观与主观指标相结合的原则

所谓客观指标，就是由统计部门用统计报表逐级上报汇总的全面统计，或通过城调队、农调队进行抽样调查（住户调查等）而得到的数据，它们是对客观事物的调查统计；而主观指标则是通过问卷调查，对个人的主观感受和意向进行测量，根据一些变量来分析相互之间的关系所得到的指标①。一般来说，客观指标有利于不同区域之间的纵向和横向比较，具有科学性、准确性、可比性和低成本的特点，但就教育领域本身来说，客观指标具有局限性。教育领域中存在许多不能量化或不能科学化的现象和问题，单凭客观指标往往不能反映教育发展的各个方面，也不能直接反映现象背后的深层原因以及人们的主观感受。由于对调查研究者来说，无论是指标的设计还是操作，客观指标都比主观指标相对容易得多，所以说，我国现有对教育指标的研究，往往更侧重于客观指标，而对主观指标还没有给予充分的重视。然而客观指标和主观指标都有各自适用的领域，只有把二者结合起来才能使研究者对问题的分析更加深入。因此，客观指标和主观指标相结合是确定教育公平指标领域和具体教育公平指标时应该考虑的。

资料 3.2

关注弱势群体的教育政策分析

在我国西部×省×县×乡，据统计共有 128 名学龄儿童，其中只有 63 名儿童目前在学校中读书，其中女童不足 10 人，其余的 65 名学龄儿童则处于失学（未入学和辍学）状态。63 名在校学习的学龄儿童中，有的因为贫困等原因也面临着辍学的困境。

该乡教育部门从中/英×省基础教育项目贫困学生助学金中得到 30 个减免学费的资助名额。根据该省中/英基础教育项目贫困学生助学金管理办法（试行），贫困学生助学金确定资助对象的原则是：①因贫困而失学的儿童，以及在校的因家庭贫困面临失学的学生，尤其是女学童和少数民族儿童；②享受资助的学生中，女学童比例不得低于 70%，少数民族学童不得低于 60%；③在小学入学率低于 60% 的乡（镇），必须有不低于 50% 的助学金用于资助已失学的儿童；④资助对象必须是家庭人均年收入低于 300 元、人均占有口粮低于 300 斤的儿童，由学校按照"女童（2 分）、少数民族（2 分）、父母残疾（1 分）、单亲（1 分）、未入学（2 分）、孤儿（4 分）"等六个因素进行打分，在分数相同的情况下，女童优先；⑤对于尚未"普初"的县，助学金只安排到小学，已"普初"的县，可将部分助学金（20% 以

①朱庆芳，吴寒光. 社会指标体系［M］. 北京：中国社会科学出版社，2001：238.

下）用于资助初中女学生。

但是，上述管理办法在具体执行过程中，产生了政策偏离和政策失真的现象。有的地方，助学金大部分被用于在校学生和学习成绩比较好的学生。许多校长关注的只是提高教育教学质量，而对教育弱势群体关注和理解不够。甚至有的还顾虑重重地认为，失学儿童回到学校读书会因为其基础差而大大影响学校的教育教学质量。

资料来源：刘复兴. 教育政策的价值分析［M］. 北京：教育科学出版社，2003：164.

三、构建教育公平指标体系的概念模式

由于单一或多个的教育指标本身无法显示出教育系统的复杂性，教育指标也不单只是对教育系统的单一或综合测量，只有将所建构的教育指标按照一定的概念模式和原则系统地结合成"教育指标体系"，才能真正提供有效的测量咨询。教育公平指标体系的建构与发展，与社会指标体系一样，是一个漫长而又艰难的过程。设计和构建教育公平指标体系，必须以一定的概念模式为基础，确立分析框架，然后根据基本原则选择适当的指标。

教育指标的概念模式是教育指标基本理论框架、指标设计技术和指标体系功能目标的综合体，是指标体系内容和结构的升华①。一个适切的概念模式比一般的分类方法更为完备，能够呈现教育指标分析的主要方面以及建构指标的方法。概念模式是指标体系构建的基础，也是指标选择的依据。建构与发展指标体系，需要以概念模式为引导，将信息资料与理论模式加以结合，才能形成完整的教育指标体系。一般来说，教育指标的概念模式主要有系统模式、归纳模式、演绎模式、问题模式和目标模式五种类型。

（一）系统模式

教育指标的系统模式是指涵盖教育的内外部因素以及整个过程，对教育系统的背景、投入、过程以及结果进行全面的分析架构。根据我国台湾

①雷虹. 我国义务教育指标体系存在的若干问题分析［J］. 教育科学研究，2006（9）.

学者孙志麟的分析，教育指标的系统模式包括"输入－输出"模式、"输入－过程－输出"模式、"背景－输入－过程－输出"模式、"背景－输入－输出"模式、"输入－过程－输出－结果"模式、"背景－输入－过程－输出－结果"模式等六种形式①。每一种形式都有其强调的重点，都突出了所要测量的层面和范围。

在国际组织中，经济合作与发展组织可以说是综合运用系统模式分析教育与人力资源发展的典型代表。经济合作与发展组织早期的教育指标体系大都按照"输入－过程－输出"的模式对具体的教育领域进行简单化的描述，但随后渐渐发现这种模式存在着一些局限性，如只能呈现教育系统中较为静态的特征，而对于教育过程中的变化却无法恰当地描述或表达，同样，也没有呈现教育系统所处的社会背景及其关联性。约翰斯通（James N. Johnstone）认为，过去的社会、经济、政治发展会影响到教育的输入、过程和输出，而教育的输入、过程和输出又会影响到未来的社会、经济、政治的发展。在建构国家层面教育指标体系过程中，应该以教育系统自身为主，但同时也要强调教育系统和社会、政治、经济发展之间的关联性②。因此，经济合作与发展组织逐渐从早期"投入－过程－产出"的简单模式演变到包括教育背景在内的其他重要方面的指标建构，大致以以下六个方面为基本框架，每年再根据具体教育情景而有所变动。这六大方面分别是：人口、社会和经济背景；教育财力及人力的投入；教育的可及性、参与、进步和完成；个人、社会与劳动力市场的结果；学校过渡到职场的过程；学习环境和学校组织。

通过对系统模式的分析可以看出，由系统模式发展出来的教育指标体系的范围，涵盖了整个教育系统的背景、投入、运作及其结果，指标之间具有阶层性的逻辑关系以及互为因果的关系。运用该模式建构出来的教育指标，易于理解且有助于思考，体系涵盖范围比较全面，更能说明教育的整体发展状况。然而，尽管教育系统的内在和外在背景因素具有重要作用，但由于这些背景因素极为复杂，并非完全属于教育系统的范畴，往往难以一一列出，因此，一般都将焦点集中在教育系统本身的运作，将教育指标

---

①孙志麟. 教育指标的概念模式［J］. 教育政策论坛，1989（1）.

②James N. Johnstone. Indicators of Education System［M］. Paris：UNESCO，1981：26.

划分为输入、过程、输出等三个领域。

（二）归纳模式和演绎模式

归纳模式的建构取向，是以现有的统计资料为基础，通过由个别性到概括性的辩证，或由一些偶然事件推论至通则的论证，将其归纳为接近理论模式的体系。运用归纳模式对教育指标进行建构，其建构过程是由资料收集到通则建立的过程，该建构模式较为强调现有统计资料的整合，教育指标的选择与现有教育统计资料的多少紧密相关。归纳模式的教育指标建构方式，属于描述性的建构取向，由于没有特别界定目标主题，仍关注与教育发展相关的状况和条件，因此所包含的教育指标较为广泛。

相对于归纳模式，运用演绎模式进行研究，在发展教育指标之前，要先确定目标主题，指标的选择必须符合所关注的核心主题。演绎模式是采取"自上而下"的建构方式，从目标主题到主要领域，再到具体指标的选择，逐步形成，从而构成完整的教育指标体系。比如，运用演绎模式进行教育公平指标体系的建构，其目标主题是"教育公平"，在此主题下，再选择符合教育公平这一概念的指标，以揭示教育系统整体公平性的程度。演绎模式的建构方式，属于规范性的建构取向，由于明确界定了目标主题，所包含的教育指标较为集中。

归纳模式和演绎模式的建构方式，就指标建构过程来说，这两种模式都属于科学研究中的方法，是一种建构方法，也是一种思维方式；就指标建构结果而言，运用这两种模式建构出来的教育指标，在某种情况下，也可作为理论建构的基础。归纳模式和演绎模式虽然都强调教育指标之间的上下逻辑关系，但并未特别指出指标间的因果关系，理论基础较为隐晦。归纳模式主张从现有的统计资料中找出适合的测度指标，并通过改善资料体系的内容和范围，来发展测度指标。演绎模式则反对以现有的统计资料作为建构教育指标的基础，因为现有的资料体系并不完备，必须自行发展适当的测度指标，寻求更合适的测度工具。事实上，建构教育指标，不仅要考虑现有统计资料的内容和范围，还要考虑发展教育指标的功用，因此，归纳模式和演绎模式之间并不存在矛盾和冲突，二者相辅相成，可以并用。

（三）问题模式和目标模式

问题模式是从实际的教育问题出发，把教育指标与教育问题结合起来，其建构出来的教育指标，可以作为教育改革的依据。1991 年，美国联邦教育部成立的"教育指标专门研究小组"（SSPEI）指出"背景－输入－过程－结果"（Context-Input-Process-Product，CIPP）模式将教育指标体系视为生产函数导向的错误，同时也批评该模式只能呈现教育系统中较为静态的特征，且无法直接呈现社会机构所处的社会背景。SSPEI 建议美国教育统计中心跳出 CIPP 的教育指标模式，以便探求新的模式①。SSPEI将焦点集中在教育问题的实际层面，建构了教育指标的六大分析领域：（1）学习结果：包括核心学科内容的学习成就、统整推理能力和态度、性向等；（2）教育机构品质：包括学习机会、教师素质、教师工作条件、学校教育目标与特色、学校资源等；（3）学生就学准备度：包括学生家庭社会经济地位、教育服务质量等；（4）社会对学习的支持：包括家庭支持、社区支持、文化支持、财政支持等；（5）教育与经济生产力：包括教育渠道、教育与训练的经济效果、工作场所对教育的支持、高等教育在研发上的角色等；（6）公平性：学生背景的差异、教育机构的政策差异、教育服务的差异等。

教育指标的目标模式，是以教育政策为着眼点，选取与政策目标相关的指标，形成一套以教育目标为主轴的教育指标体系。在政策指标建构方面，以美国宾州发展的教育指标为例加以说明②。为了评估宾州教育发展状况，为教育决策提供参考，匹兹堡大学以"输入－过程－输出"模式为基础，参照"公平、品质、效率"三大目标，建立的一个双向度的教育指标体系，即（1）均等指标：每生教育支出的差异、地方财富的差异、租税努力与每生教育支出的关系、不同族群五年级学生学业成就的差异；（2）品质指标：进入明星私立学校的比率、学生的学业成就；（3）效率指标：近七年的教学投资比率、财政困难程度、初始基金平衡程度、高级中学学生的毕业率②。

问题模式和目标模式的建构方式，重视教育指标与教育问题和教育政策的结合，并不企图指出指标之间的因果关系，因为教育现象相当复杂、多变，很难一一加以验证。问题模式建构的教育指标，强调从实际的教育问题出发，不仅可以反映当前较为重要的教育问题，还可以将教育指标与

---

①简茂发，李琪明. 当代教育指标 [M]. 台湾：学富文化事业有限公司，2001：36－37.

②孙志麟. 教育指标的概念模式 [J]. 教育政策论坛，1989（1）.

教育改革紧密联系起来，从而提高教育指标的实际效用。目标模式的建构方式可以用来评估目标达成的程度，以作为教育决策的依据，然而，该模式主要以衡量教育结果为重点，没有触及与教育结果相关的投入和运作过程，不能系统地描述教育系统的全貌，也不特别关注指标间的因果关系，教育指标呈现混合的特性。

总之，近年来，一些发达国家和国际组织的教育指标体系建构模式日趋多元化，并开始注重多种模式的有效整合。相对而言，我国教育指标体系的建构模式仍以演绎和归纳模式为主，对其他模式利用较少，对模式的有效整合更是缺少系统的理论研究和实践，这既不利于系统、全面地考察我国教育发展的全过程，也不利于增强教育指标的有效性。事实上，无论是系统模式、归纳模式、演绎模式，还是问题模式和目标模式，每一种模式都有其强调的理念与主张，都有其特色和局限，都可以作为设计或建构教育指标的重要参考。研究者只要充分了解每一种模式的内涵、特点和局限性，就能很好地加以综合运用。

资料 3.3

教育均衡发展中的政府导向

在美国，州法庭的决议是反映教育政策公正与否的一个重要参照。州政府，而非中央政府负责本州教育事务。州宪法要求州立法部门在把资金分配到各个公立学校的时候，本着彻底、高效、一致、自由与开放的原则，要求对所有儿童公平。但是，近一段时期以来，贫困人口与少数民族人口反对州立法部门的案例大为增加，控诉他们所在的地区学校条件未能达到应有的标准。通常法庭是赞同他们的。其中，发生在肯塔基州的罗斯一案在美国影响甚大。

1989 年，美国肯塔基州市民委员会因州政府未能给低收入地区提供应有的教育而提出诉讼。认为由于肯塔基州实行各地区自主提供学校资金的制度，使低收入地区没有财力给当地的居民提供良好的教育。实际情况是，在美国的大多数州，州房地产税是学校的主要资金来源，但低收入地区过低的地产价值不能给学校提供充足的资金，而且由于学生要求获得更好的教育，学校的资金缺口越来越大。为了弥补资金缺口，各州政府通过实施

"平衡"项目,定期地给低收入地区提供更多的州财政资金支持。但是通货膨胀削弱了这些资金的作用。另外,州政府在分配其他资金时,往往偏向于在政治、经济等方面有影响的地区,进一步抵消了这些资金的作用。

美国肯塔基州的罗斯法庭调查发现,缺乏资金的学校的所在地区没有能够给学生提供宪法所保障的学生应受的教育。罗斯法庭判定市民委员会胜诉。罗斯法庭的判决值得关注,首先因为,它认为州政府要注重教育的结果而非投入;其次因为,它试图确定每个孩子应该受到教育的底线,要保证对儿童的"充分教育"和"机会均等"。

资料来源:查尔斯·豪威尔. 教育,机会与公平分配[G]//袁振国. 中国教育政策评论2001. 北京:教育科学出版社,2001:239-240. 有改动.

四、我国教育公平指标体系的构建

(一) 研究定位以及指标框架的设计思路

1. 研究定位

构建教育公平指标体系,首先要注意两个关键问题:一个是指标体系的服务对象,是政府部门、学校管理者还是学术研究者?服务对象不同,看问题的角度就不同,指标的表达方式也会不同;另一个是指标体系的用途,是现象描述还是原因分析,是提供研究资料还是政策参考?指标功能的不同也会造成指标体系之间存在很大差异。因此,构建一个全面反映我国教育公平状况的指标体系是一个系统的、庞大的工程,存在多个反映不同侧面的教育公平指标体系是很正常的。

教育公平是一个系统的、动态的过程,教育公平指标体系的设计不能以静止的、平面的、单维或者二维的思维模式去考察,而是应该把它看作是一个多方位、多层次的三维结构体:从教育层次来看,可以分为高等教育、中等教育、初等教育和学前教育阶段的教育公平问题;从空间结构来看,可以分为不同城乡之间、不同地区之间、同一地区不同学校之间和同一学校不同群体之间的教育均衡发展问题;从时间进程来看,可以分为学生在接受教育的起点、过程和结果方面的相对平等（见图 3.1）。这三个维度相互交叉，如在每个教育阶段都存在地区之间、城乡之间、校际之间和群体之间教育资源分配的不公平，也存在着教育起点、教育过程和教育结果的不平等，并且，在每个教育阶段不公平的表现也不尽相同，在学前教育和义务教育阶段，教育的不公平更多地体现在教育投入和办学标准等教育过程方面，在高中教育阶段，教育的不公平更多地体现在教育的入学机会方面，而在高等教育阶段，教育不公平则更侧重于教育成就方面。由于每个教育阶段的性质和目的不同、受教育者的需求不同，国家政策和政府的作用也不同，因此，各个教育阶段的教育公平指标应该分别进行研究，在每一个层次上都应该对这些教育阶段分别进行评价。

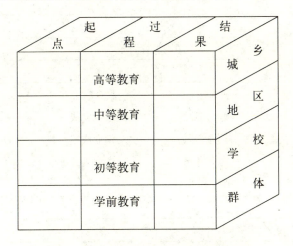

图 3.1　教育公平指标体系立体结构示意

　　综合国内外对教育公平指标研究现状的介绍和分析，针对目前国内关于教育公平指标研究的不足，同时考虑到笔者专业知识、专业能力、写作时间以及研究经费等方面的限制，本研究定位于从学校层面上来构建我国的义务教育公平指标体系。选取这一研究角度，同时还出于对以下两个方面的考虑：一方面，从我国当前的研究现状来看，国内学者对我国教育公平指标以及指标体系的研究，多集中于宏观层面上的区域之间、城乡之间的不公平，教育公平指标体系的构建和运用大多也是以国家的官方统计资料为依托，而我国的教育统计体系尚不健全，所以说构建出来的指标体系可操作性并不强；另一方面，学校是教育公平问题研究的基本单位，作为我国义务教育实施的首要主体，校际均衡是教育公平的实体表现形式，区域均衡和城乡均衡都是通过校际均衡表现出来的，可以说，义务教育均衡发展最终要通过学校之间的均衡发展来实现，所以校际差距是研究义务教育公平问题的核心。正是基于以上考虑，本研究定位于从学校层面上构建我国的义务教育公平指标体系，运用该指标体系可以监测我国义务教育阶段区域之间和区域内部不同学校（同一层次、同一类型的学校）之间的教育公平状况。

2. 指标体系框架的设计思路

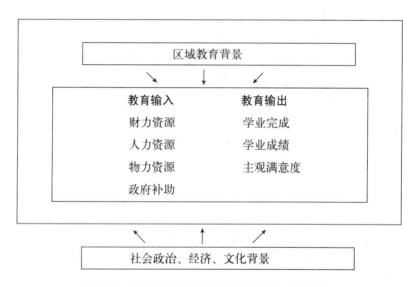

图 3.2　教育公平指标体系系统模式的内容框架

本研究综合运用建构指标体系的概念模式，以"背景 – 输入 – 输出"的系统模式为基础，以问题和目标模式为主轴，以归纳和演绎模式为方法，来进行我国义务教育公平指标体系的分析与架构（见图 3.2）。通常认为，教育公平应包括三个不同的阶段，即起点平等、过程平等和结果平等。其中，起点平等是指入学机会的均等；过程平等是指个人或群体接受同一性质和质量教育的机会均等；结果平等是一种实质性的、目标层次的平等，最终体现为学业成就的平等。在我国，近年来，义务教育公平已经取得了很大的进展，义务教育阶段的入学机会已经越来越趋向于公平，到 2006 年年底，全国实现"两基"县（市、区）的总数达到2973个，占全国总县数的96%，人口覆盖率达到了98%，小学学龄儿童净入学率达到了99.27%，其中，男童和女童的净入学率分别为99.25%和99.29%，小学毕业生数1928.48万人，比上年减少90.99万人，初中毛入学率也达到了97%[1]。因此，在这里，我们所要构建的义务教育公平指标体系主要考察受教育过程中的教育资源配置状况和受教育质量问题。

背景领域。背景领域指的是在进行跨国家或者跨区域比较时，要先了解该国家或者该地区教育系统运作所处社会环境的不同，如社会经济、文化和教育发展状况，即社会和政府可能向教育活动提供什么样的人力和财力支持，也包括他们对于教育的事业发展的态度和支持力度。

输入领域。输入领域指的是每个受教育个体在受教育过程中的资源分配情况，主要包括经费资源、教师资源、物质资源和教育救助等层面。教育公平不仅是低层次的入学机会公平，更重要的是高层次的受教育质量的公平，也就是学校提供的学习条件、教学设施、师资水平等方面要大致相当，真正的教育公平一定是受教育质量的公平。从某种角度说，教育经费是保证教育质量的前提条件，只有拥有充足的教育投入，才能吸引优秀的教师资源，才能为学生创造良好的学习条件，而高质量的教师队伍和现代化的教学条件和设施又是保证教育质量的重要因素之一。政府和学校对贫困生的救助情况在一定程度上体现了学生起点公平和义务教育弱势补偿的理念。

输出领域。输出领域指的是教育系统运作的整体结果与成效，包括学生的参与机会、学业成就以及学生对于学校教育的满意度。学生的参与机会层面用升学率和辍学率等指标来衡量；至于学生的学业成就，由于我国尚未参与国际组织进行的一些测量，在该方面也没有统一的评定标准，因此，这里把同年级学生的学科成绩作为指标纳入到了指标体系当中；学生的主观满意度关涉的是受教育的主体——学生在受教育过程中对于所受学校教育各个方面的主观满意程度，包括校园环境、教师素质、教学设备、学校收费情况等，通过学生主观感受的差异来反映学校教育质量的差异。

最后，需要加以说明的是，虽然本研究也清楚地认识到教育系统内在

---

[1]所引数据均参见《2006年全国教育事业发展统计公报》。

和外在背景因素的作用，但因为这些背景因素比较复杂，难以一一列出，故区域内部相关的背景因素暂且存而不论。但要注意的是，在进行跨国家或者跨区域比较时，仍需选择适当的背景因素进行分析。

（二）研究方法

在本研究中，我国义务教育公平指标体系的最终确立主要采用德尔斐法。德尔斐法也叫专家评议法，它是利用专家的知识和经验，在掌握了一定客观情况和资料信息的基础上，来确定各因素在评判问题或者决策问题中重要程度系数的一种方法。该方法以匿名的方式，收集和咨询相关领域专家们的意见，并对其意见进行统计分析，再将分析结果反馈给专家，然后就同一问题再次进行调查、统计、分析、反馈，如此反复经过三四轮的调查、反馈过程，最终使专家们的意见集中在某个有限的范围内，从而得到比较集中、准确的意见。

德尔斐法有这样三个主要的特点。（1）匿名性。在整个调查过程中不公开被调查的专家们的名字，采取匿名的方式交换意见。匿名的目的在于只依照意见本身的价值去判断意见，而避免受被调查专家的声誉、地位等因素的影响，以利于取得较为客观的意见。（2）反馈性。德尔斐法一般要经过 2-4 轮的调查，每一轮都要把收集到的意见经过统计处理后反馈给参加调查的每一位专家，以便被调查的专家们掌握每轮调查的处理结果以及其他专家的意见，供进行下一轮调查时参考。（3）准确性。运用该方法时，被调查的专家多次反复交换意见，并且每次都对所有专家的意见进行统计处理，形成集体的意见，大大提高了调查结果的准确性。

一般来说，德尔斐法的具体实施主要有以下几个步骤。（1）确定专家组成员。这些被调查的专家不仅要对该领域的理论与实践比较熟悉，还要具有较强的判断和分析能力。（2）拟定调查问卷。调查问卷的主要内容包括调查说明、调查项目、评分标准等。（3）进行第一轮的专家调查。发放调查问卷，然后对调查结果进行汇总分析。（4）进行第二轮的专家调查。根据第一轮的调查结果调整调查问卷，并将第一轮的调查结果反馈给每位专家，进行第二轮的调查。（5）依此类推，根据情况进行 2-4 轮的专家调查后，对调查结果进行统计分析，从而得到比较集中的意见。

本研究采用德尔斐法的原因在于：一是过去关于教育指标的研究，大多只是理论层次上的分析或是选取部分指标进行比较研究，而从实际观点进行指标建构方面的研究还未受到普遍重视；二是近年来，德尔斐法在教育指标研究上的应用，逐渐受到肯定和认同，为教育指标的建构开辟了新的途径。因此，本研究采用德尔斐法，结果将更为准确可观，同时还可避免传统的问卷调查只以一次调查结果为依据的局限。

（三）研究过程

本研究采用德尔斐法将设计的指标体系以调查问卷的形式发放给被调查的专家，共实施两轮的专家调查。第一次问卷调查结束后，随即统计整理问卷，将第一次评定分数较低的指标予以删除，并加入新增的指标，修订成调查问卷的形式，再次发放给被调查的专家。第二次问卷调查结束后，对问卷进行统计整理，将两次调查结果加以分析、比较，确定最后的调查结果。

在调查问卷设计方面，我们梳理了国内外教育公平指标的研究成果，并事先咨询了相关专家。问卷采用九点量表的方式，按照指标的不同领域分别对指标进行编码，专家可以根据每项指标的不同重要程度，给予 1 - 9 分之间的相应评分，然后对所有专家的意见进行汇总和统计分析。关于各项指标的评定结果，本研究主要采用次数分配中的集中指标——中位数，以及分散指标——四分间距进行分析，据以判断指标的重要性和一致性，至于专家们的调查意见和建议，则进行综合说明和讨论。通过对各项指标的整理和统计分析，如果统计结果偏差不大，即可作出评分结论，如果统计结果偏差较大，则需要修改或者删除，并再次按照上述方法进行统计分析，直至取得较为一致的意见为止。

具体统计方法为：分别求出每个指标项专家意见的中位数 M、上四分位数 $Q+$ 和下四分位数 $Q-$，专家意见的最大值和最小值分别用 a_n 和 a_l 表示。如果 $Q+-Q-<a(a_n-a_l)$，其中，a 为集中系数，当 $0<a<1$ 时，可以认为数据反映意见集中程度良好[1]。在本研究中，取 $a=0.35$，最大值 a_n 为 9，最小值 a_l 为 1，$a(a_n-a_l)=2.8$。$Q+-Q-$ 的值越小，表明专家意见的集

---

①李孔珍，张力. 专家视野中的区域教育发展战略与西部教育政策——运用德尔菲咨询法进行的调查分析 [J]. 教育研究，2006（4）.

中程度越高，当 $Q+-Q-<2.8$ 时，即认为专家意见集中程度良好；当 $Q+-Q->2.8$ 时，即认为专家意见集中程度较差；当 $Q+-Q-=0$ 时，即认为专家意见集中程度最高。

1. 第一轮专家调查过程及结果

第一轮专家咨询于 2007 年 11 月 22 - 24 号进行，被调查专家分为 3 类，总共 10 位：一是社会学领域的专家，共 3 位；二是经济学领域的专家，共 3 位；三是教育学领域的专家，共 4 位。调查问卷共发放 10 份，回收 10 份，回收率达到 100%，有效率 100%。

第一轮专家调查的结果如下（见表 3.1）①。

表 3.1　第一轮专家调查结果

编　码	指标名称	中位数 M	四分间距 Q + - Q -
A1	人均受教育年限	7	2.5
A2	文盲半文盲人口所占比例	6	2
A3	人均国民生产总值	6	2
A4	学龄人口入学率	3	1.5
A5	预算内教育拨款占财政性支出的比例	8	2.5
B1	生均教育经费	6	2.5
B2	生均教育事业费	8	1.5
B3	生均教育公用经费	7	2
B4	生师比	5	2.5
B5	专任教师学历合格率	7	1.5
B6	每年接受培训的教师比例	5	3.5
B7	教师工资	7	2
B8	教师性别比例	2	4.5

①在统计学中，中位数常与四分间距一起使用，来描述偏态分布资料的分布特征。四分间距可以表明中间 50% 的数据的离散程度。一般来说，四分间距的数值越小，说明中间部分数据分布越集中；相反，四分间距数值越大，表明中间部分数值分布越分散，离散程度越大。

续表

编 码	指标名称	中位数 M	四分间距 Q+ −Q−
B9	教学人员与非教学人员比例	7	1.5
B10	教师教学时数	3	4
B11	生机比	5	2
B12	生均校舍面积	5	2.5
B13	生均图书量	6	2.5
B14	生均绿地面积	4	4
B15	生均仪器设备值	6	1.5
B16	生均体育运动场馆面积	6	2
B17	多媒体使用率	5	3.5
B18	每年学校社团活动次数	2	4.5
B19	每年接受公共救助的学生比例	7	2.5
C1	辍学率	8	2
C2	升学率	7	2.5
C3	留级率	4	4.5
C4	同年级学生语文、数学成绩的差异	5	2.5
C5	学生主观满意度	7	2

根据第一轮问卷的调查结果，29 个指标中，专家们对指标的意见集中程度很一致的共有 22 个，中位数均在 5 以上，四分位差均大于 2.8，集中程度良好。按照意见集中程度的排序，专家意见不一致的指标分别是教师性别比例（中位数为 2，四分位差为 4.5）、每年学校社团活动次数（中位数为 2，四分位差为 4.5）、留级率（中位数为 4，四分位差为 4.5）、教师教学时数（中位数为 3，四分位差为 4）、生均绿地面积（中位数为 4，四分位差为 4）、每年接受培训的教师比例（中位数为 5，四分位差为 3.5）以及多媒体使用率（中位数为 5，四分位差为 3.5）等 7 个指标。

通过对各位专家的深入咨询，大多数专家认为教师的性别和教师的上课时数并不能体现出教师教学质量的差异；生均绿地面积和每年学校社团活动次数虽然在一定程度上能够体现学生学校生活质量的差异，但却不符合构建指标体系的简洁性和敏感性原则；由于现阶段中小学基本取消了留级制，因此设置留级率这一指标意义不大。除此以外，专家们争议较大的还有每年接受培训的教师比例和多媒体使用率这2个指标：每年接受培训的教师比例反映了学校对于教师的在职培养以及教师的专业发展情况，而多媒体使用率则反映了学校之间教育技术现代化之间的差距。因此，这2个指标被保留下来，请专家在下一轮的调查中继续作出评定。

对其中的3个指标作了修改，分别是将人均国民生产总值修改为人均国内生产总值、将非教学人员与教学人员比例改为专任教师占教职工比例、将同年级学生的语文和数学成绩改为同年级学生语文、数学和英语成绩。

增加了2个指标：学龄人口规模、中高级职称教师所占比例。

此外，部分专家还提出学校的行政管理、文化氛围、办学特色等也是学校日常教育教学活动的重要体现，但是由于这些方面更加侧重学校"软环境"的考察，过于主观，很难量化，因此没有把这些指标纳入到指标体系中来。

2. 第二轮专家调查的过程及结果

第二轮专家咨询于2007年11月27 – 28号进行，第二轮的调查对象与第一轮调查对象相同，调查问卷共发放10份，回收10份，回收率达到100%，有效率100%。

从第二轮问卷的调查结果来看，总体来说，专家们对于修改后的指标体系的重要性程度基本上达到了比较一致的认识。

第二轮专家调查的结果如下①：

表 3.2　第二轮专家调查结果

编　码	指标名称	平均数	标准差
A1	学龄人口入学率	5	2.26
A2	学龄人口规模	6	2.15
A3	人均受教育年限	5	1.65
A4	文盲半文盲人口所占比例	5	1.73
A5	人均国内生产总值	7	1.58
A6	预算内教育拨款占财政性支出的比例	6	1.75

①在统计学中，平均数常和标准差一起使用，来描述近似正态分布资料的分布特征。标准差是反映数值型数据离散程度最为常用的方法。一般来说，标准差的数值越小，平均数的代表性就越大；相反，标准差的数值越大，平均数的代表性就越小。

续表

编 码	指标名称	平均数	标准差
B1	生均教育经费	7	2.32
B2	生均教育事业费	6	2.15
B3	生均教育公用经费	7	1.73
B4	生师比	8	2.32
B5	专任教师比例	7	1.35
B6	专任教师学历合格率	6	2.21
B7	中高级职称教师所占比例	7	2.06
B8	教师工资	7	2.13
B9	每年接受培训的教师比例	6	2.21
B10	生机比	6	1.97
B11	生均校舍面积	7	1.75
B12	生均图书量	5	2.12
B13	生均仪器设备值	6	1.53
B14	多媒体使用率	5	2.26
B15	生均体育运动场馆面积	5	1.47
B16	每年接受公共救助的学生比例	7	1.35
C1	辍学率	8	2.57
C2	升学率	7	2.04
C3	同年级学生语文、数学和英语成绩的差异	5	1.66
C4	学生主观满意度	5	2.33

3. 我国义务教育公平指标体系的最终确立

根据我国义务教育公平的内涵与特征，在系统模式设计思路分析的基础之上，遵循指标选择的敏感性、全面性、层次性、可操作性以及客观和主观相结合的原则，运用德尔斐法通过两轮专家调查，确定了相互联系而又比较独立的 26 个指标，其中，背景领域的指标有 6 个，输入领域的指标16 个，输出领域的指标有 4 个，其中包括 1 个主观指标，构建出了一个较为完整的、具有一定可操作性的指标体系，它反映我国义务教育阶段校际公平状况。具体的指标体系如下（见表3.3）。

表3.3　义务教育公平指标体系

指标领域	指标名称	具体指标
A. 背景领域	A1. 教育背景	A1－1. 学龄人口入学率的差异
		A1－2. 学龄人口规模的差异
	A2. 经济背景	A2－1. 人均国内生产总值的差异
		A2－2. 预算内教育拨款占财政性支出比例的差异
	A3. 文化背景	A3－1. 人均受教育年限的差异
		A3－2. 文盲半文盲人口所占比例的差异
B. 输入领域	B1. 财力资源投入	B1－1. 生均教育经费的差异
		B1－2. 生均教育事业费的差异
		B1－3. 生均公用经费的差异
	B2. 人力资源投入	B2－1. 生师比的差异
		B2－2. 专任教师所占比例的差异
		B2－3. 专任教师学历合格率的差异
		B2－4. 教师月平均工资的差异
		B2－5. 中高级职称教师所占比例的差异
		B2－6. 每年接受培训教师所占比例的差异
	B3. 物力资源投入	B3－1. 生机比的差异
		B3－2. 生均拥有图书量的差异
		B3－3. 生均仪器设备值的差异
		B3－4. 多媒体使用率的差异
		B3－5. 生均校舍面积的差异
		B3－6. 生均体育运动场馆面积的差异
	B4. 教育救助	B4－1. 接受公共救助学生比例的差异
C. 输出领域	C1. 学业完成	C1－1. 辍学率的差异
		C1－2. 升学率的差异
	C2. 学业成就	C2－1. 同年级学生语文、数学和英语成绩的差异
	C3. 主观满意度	C3－1. 学生对于学校教育满意度的差异

（四）对于指标含义的相关解释

义务教育公平指标体系是测量和评价我国义务教育阶段区域内部不同学校之间的教育公平状况，这里的学校指的是同一类型学校中同一层次的学校。为了便于了解和使用该指标体系，下面对各项指标的含义作一简要说明。

1. 背景领域指标（共3类6个指标）

（1）教育背景指标。学龄人口的入学率反映各地区教育普及的程度，在一定程度上体现了各地区教育事业的发展状况，通过这一指标可以度量不同地区之间教育发展水平的差异。学龄人口规模是指在校生人口数占人口总数的比例，学龄人口的数量和变化趋势是影响学校教育需求的重要因素，也是对于各种教育资源需求有重要影响的因素。

（2）经济背景指标。人均国内生产总值是反映一个国家或地区经济发展水平最基本的指标，同时也反映了居民人均收入的状况；预算内教育拨款占财政性支出的比例则反映了一个国家或地区对于教育发展的态度和投资力度，其中，财政性支出是国民经济发展的重要指标，而财政性支出中的教育拨款是教育投资的重要部分。这些经济指标主要针对的是各个地区经济发展水平的差异以及地区政府对教育发展的态度的不同，这也是各个地区教育发展不均衡的重要原因。

（3）文化背景指标。人均受教育年限指的是各个地区特定人口总体接受学历教育的平均年数，而文盲和半文盲率则是文盲和半文盲人口占总人口的比例，如果说前者是在一定程度上反映了不同地区居民总体平均受教育程度的相对差异，而后者则是反映了不同地区居民受教育水平的绝对差异。

2. 输入领域指标（共4类16个指标）

（1）财力资源投入指标。财力资源投入主要反映的是学校每年投入教育活动的经费状况，这一类的指标主要有3个：生均教育经费、生均教育事业费、生均教育公用经费。其中，生均教育经费是考察教育总体投入水平的根本指标，教育事业费是保证一所学校教育活动正常运转的最基本条件之一，生均教育事业费考察的是一所学校每个学生每年消耗的教育事业费水平。一般来说，在学生数量一定的情况下，教育事业费水平越高，越有利于教育教学质量的提高；而生均公用教育经费指标可以反映义务教育经费的紧张程度。教育经费的投入指标是衡量学校教育质量高低的重要标准，也是衡量校际差距的重要指标。

（2）人力资源投入指标。人力资源投入主要反映的是学校教师队伍的配置状况，包括教师素质的高低、学历结构是否合格、队伍结构是否合理等方面，这一类的指标主要有6个，它们分别是：生师比、专任教师比例、专任教师学历合格率、高级职称教师所占比例、教师月平均工资和每年接受培训的教师比例。其中，生师比指的是每个教师平均负担的学生数，即一所学校各年级学生总人数与各年级专任教师总人数的比例。这个指标可以考察教师资源的使用效率，过高或过低的生师比都不利于实现教师资源的使用效率。专任教师比例指的是教学人员占全体教职工的百分比，教学人员与非教学人员应该有一个合理的比例，一般来说，如果非教学人员比例过高，就意味着学校的人员超编，教育成本过高。专任教师学历合格率和高级职称教师所占比例，这两项指标是衡量教师能力和素质的标准之一，就教师队伍整体来说，教师学历越高、拥有高级职称的教师比重越大，教师队伍的整体素质就越好。教师月平均工资水平，教师的工资待遇状况直接影响着教师队伍的稳定，也从另一个侧面反映出了学校教育质量的高低。

（3）物力资源投入指标。教育过程中的物力资源投入是学校开展教学、科研活动以及师生学习、生活不可缺少的物质基础，主要包括生机比、生均拥有图书量、生均校舍面积、生均仪器设备值、多媒体使用率和生均体育运动场地面积等6个指标。通过这些指标可以考察学校之间办学条件的差距，而指标的平均水平越高，表明学校的办学条件越好，也越有利于学校教学工作的顺利进行和教育教学质量的不断提高，相反，指标的平均水平越低，表明学校的办学条件越差，则需要加以改善。

（4）教育救助指标。用每年接受学校公共救助的学生比例这一指标来反映义务教育阶段学生教育机会均等的程度以及政府对于弱势群体的补偿力度，该指标体现了教育公平理念下对弱势群体进行倾斜补偿的原则。

3. 输出领域指标（共3类4个指标）

（1）学业完成指标。学业完成指标反映的是学校教育的内部效率，这一类的指标有 2 个：辍学率和升学率。辍学率是指每学年尚未完成整个教育阶段，未到毕业就中途离校的学生人数占学年初全部在校生人数的百分比；升学率即升学进入高一层级的年级的学生人数占前一层级毕业生人数的百分比。这些指标不仅可以反映义务教育的普及状况，而且也反映了各级教育的水平和质量。

（2）学业成就指标。就目前来说，研究者对于教育结果的公平还无法达成一定的共识，对于学生学业成就的测量也没有一个统一的国际标准。学生的学科成绩是有关课堂、学校和整个教育系统的一个重要质量指标。学校办得怎么样？学生学得怎么样？评价学生、学校和教育系统的教育成果，测定学生的相对成绩是比较常用的方法。

（3）学生的主观满意度。学生对于学校教育的主观满意度也是反映学校教育质量的一个重要指标，该指标不仅可以考查学生在受教育过程中的主观感受，还可以了解学校之间在哪些方面存在着较大的差距，学校的发展究竟还应该在哪些方面作出改进，比如校园环境、教师素质、教学设施和学校收费等方面的问题。

从 20 世纪 80 年代开始，教育公平问题引起了社会各界的广泛关注，评价教育公平的指标体系也逐渐成为重要的研究领域，但是，构建一个完善的、系统的教育公平指标体系还需要一段很长的时间去努力，原因有两方面。一方面在于理论方面，到目前为止，人们对于教育公平理论、内涵的争论还在继续，许多问题还没有达成一个基本的共识，理论上的不完善，制约和影响着科学的、系统的教育公平指标体系的建立。另一方面，由于各个地区社会经济、政治、文化发展的巨大差异，我国的教育公平问题情况比较复杂；同时也因为理论上的不一致，已经建立起来的指标体系尚存在较大的分歧，要建构一个能被人们广泛认同的教育公平指标体系还很难。此外，还有很重要的一点就是，我国的官方教育发展统计体系还很不健全，不能为我国的教育公平指标体系提供一个系统的、全面的数据支撑，这就使我国教育公平指标体系的构建成为了空中楼阁，以至于我国学者不愿意进行教育公平指标的研究或者认为教育公平指标的研究太难而不敢去做的一个重要原因。总之，我国教育公平指标体系的研究、构建和完善是一个长期的、艰难的过程，需要政府、社会、研究者三方不断的共同努力。

第 四 章

我国义务教育校际差距的实证研究

给每一个人平等的机会，并不是指名义上的平等，即对每一个人一视同仁，如目前许多人所认为的那样。机会平等是要肯定每一个人都能够受到适当的教育，而且这种教育的进展和方法是适合个人特点的。

——联合国教科文组织国际教育发展委员会①

一、我国义务教育校际差距的现状及原因分析

我国正处于经济社会发展的重要转型时期。由于我国地域经济、社会发展的不平衡，以严格的户籍制为代表的城乡二元结构以及教育制度设计的缺失，导致我国义务教育地区之间、城乡之间、学校之间的差距依然存在，有些差距还在进一步扩大。落实科学发展观、构建和谐社会、加快社会主义新农村建设，对缩小义务教育差距提出新的更高的要求，推进义务教育均衡发展已是当务之急。然而，大量研究表明，在义务教育阶段，学校之间的差距远比区域之间和区域内部的不公平状况更为严重，所以说，现阶段义务教育研究的重点应该放在如何缩小和消除城乡之间和学校之间的差距上来。

---

①联合国教科文组织国际教育发展委员会．学会生存——教育世界的今天和明天［M］．上海：上海译文出版社，1982：116.

（一）我国义务教育阶段校际差距的现状

所谓学校差距，指的是同一层次教育中同一类型的学校在教育经费、师资队伍、教学设备和生源等显性方面和社会影响、外在环境等隐性方面存在的差异。现阶段，我国义务教育阶段学校之间的差距主要体现在以下四个层面：一是不同区域之间学校的差距，即经济发达地区的学校与经济相对落后地区的学校在教育经费投入、办学条件和教育质量上的差距；二是城乡之间的学校差距，农村学校的薄弱和艰难，集中体现了我国教育公平的重要问题，城乡之间巨大的学校差距是我国教育差距的重要表现之一；三是同一区域内部重点学校与非重点学校之间的差距；四是伴随重点学校和非重点学校的二元学校制度而来的学校之间的阶层差距。

1. 区域之间的学校差距

我国中西部地区社会、经济发展落后，教育投入严重不足，高素质师资短缺的矛盾突出，东部地区义务教育各项指标均明显高于中西部地区，学校之间的区域差距明显。例如，2004 年，东部地区的小学和初中生均预算内教育事业费平均分别为 1598 元和 1874 元，西部地区分别为 942 元和 1017 元；东部地区小学和初中生均预算内公用经费平均分别为 207 元和 304 元，西部地区分别为 90 元和 121 元；而中部地区小学和初中生均预算内事业费、生均预算内公用经费均低于西部地区，与东部地区的差距更大[①]。以上数据表明，中西部地区与东部地区之间的学校差距十分严重，尤其是中部地区，一方面原本经济发达的东部地区教育经费持续上升，另一方面经济落后的西部地区得到政府的财政转移支付，而中部地区由于两端都无法受惠，呈现出中部凹陷的现象。总之，经济落后的中西部地区学校无论在哪一方面都是无法与经济发达的东部地区学校相比，某些指标上的差距甚至达到 2–3 倍。不同地区的校际差距与所在地区的经济发展水平呈正相关关系，由于中西部地区对义务教育的投入不足，导致学校基础建设薄弱、师资水平较差，这必然会不利于义务教育整体质量的提高。

---

①国家教育督导团. 国家教育督导报告 2005 [J]. 教育发展研究，2006（5A）.

2. 城乡之间的学校差距

近年来，随着城乡经济发展差距的不断拉大以及农村教育资源的相对不足，城乡教育公平问题日益凸显出来。教育的城乡差距是我国教育差距的核心问题，缩小教育差距的关键在于缩小教育的城乡差距①。我国的城乡义务教育无论在经费投入上还是在其他各项具体指标上都存在巨大的差距。从生均经费投入来看，2001 年城镇小学、初中的生均教育经费分别为 1484元、1955 元，而农村小学、初中的生均教育经费为 798 元、1014 元，农村地区远远低于城市地区；在办学条件上，普通中小学在校舍危房率、生均图书拥有量、生均仪器设备值上也同样体现出明显的城乡差距。农村学生的生均拥有图书量远远低于城市学生，农村小学、初中的生均危房面积分别是城市的 4.2 倍和 3.6 倍，城市小学、初中的生均仪器设备值分别是农村的 3.9 倍和 2.2 倍②；从师资水平来看，城乡的师资队伍无论在数量上还是质量上都存在明显的差距。与城市教师相比，农村教师不仅在数量上相对不足，同时，还呈现出学历层次低、工资待遇差、优秀教师流失严重等特点。目前，我国农村的义务教育受教育人数大约占我国义务教育受教育总人数的 64%，如此短缺的教育投入要维持如此庞大的农村受教育人口，必然导致城乡义务教育在教育机会和教育质量存在差距，进而加剧义务教育的非均衡化发展。

3. 区域内部的学校差距

我国的"重点校"政策由来已久，在新《义务教育法》颁布以前，有重点地办好一些学校是我国一贯的教育政策，无论大中小学校都存在明确的和不明确的重点学校与非重点学校，二者的差距有显性的也有隐性的。一方面，显性差距主要表现在经费、师资、设备、校舍等方面。从生均经费来看，重点学校的生均经费普遍比非重点学校高出 15% – 20%，重点学校的教职员工工资通常占经常性经费的 60% 左右，而非重点学校教职员工工资通常占到 80% 左右；在师资方面，无论是教师的学历构成、师生比、

---

①闵维方. 探索教育改革：经济学和管理政策的视角 [M]. 北京：教育科学出版社，2005：158.

②郑子莹. 统一办学条件标准，保障义务教育底线公平 [J]. 重庆工学院学报，2005（9）.

晋升高一级职称的比例，还是获得进修深造的机会、特级教师的荣誉等方面，重点学校都要优越得多；在设备和校舍等方面存在的差异同样也是巨大的①。另一方面，由于政策上的倾斜和"名牌效应"的影响所造成的隐性差距也是不可忽视的，主要表现在重点中学可以获取更多更好资源的机会，从而形成"马太效应"，它的表现和影响有时甚至超出了显性差异。目前，大部分城市的薄弱学校在20%－30%之间，有的甚至达到了40%②。同一地区的客观条件是大体相当的，为什么有如此多的薄弱学校存在呢？这是由于长期的重点学校政策造成，并且这种差距还有着日益扩大的趋势。

4. 学校的阶层差距

阶层差距指的是对每个受教育个体入学机会产生直接影响的家庭经济、文化、社会关系等背景因素方面的差异，主要包括父母的受教育程度、社会地位和经济收入等层面。每个人一出生，就在天赋和社会给定的教育条件等方面与他人存在差异，就天赋而言，有种族、智力、体力和性别等方面的因素；就教育条件来说，有家庭经济条件、父母的地位和受教育水平的差异，也有城市和农村、经济发达和不发达、教育发展水平高和低的差异。虽然说"人人生而平等"是不可能的，但至少不管受教育者的天赋和社会出身情况如何，都应该有平等的开始其学习生涯的机会，都应该受到平等地对待，从而使取得学业上成功的机会更加平等。当前的义务教育存在着一种复制和扩大阶层差距的机制，这就是城乡二元、重点和非重点二元的学校制度。义务教育阶段的"择校热"，加剧了学校的社会分层作用，不同群体子女从小学到初中，阶层差距明显加大。优质教育资源的获得表现出显著的阶层差距，优势阶层的子女和城镇户口的学生更多地集中在重点学校，而弱势阶层的子女和农村户口的学生更多地进入普通学校或者薄弱学校学习。

---

①转型期中国重大教育政策案例研究课题组. 缩小差距：中国教育政策的重大命题［M］. 北京：人民教育出版社，2005：35.

②吴宏超，叶忠. 校际落差与义务教育公平［J］. 河北师范大学学报（教育科学版），2003（2）.

（二）我国义务教育校际差距的原因分析

1. 区域经济和社会发展的不平衡是导致区域之间校际差距的根本原因

我国幅员辽阔、人口众多，各地区的自然条件、文化传统和社会经济发展的差异性很大，历史上形成了一种不均衡的发展格局，这也是我国发展不平衡的重要表现。根据地区差异程度，把我国（不包括港、澳、台）划分为东部沿海地区、中部地区和西部地区。改革开放以来，东部地区的经济快速发展，2002 年东部地区人均 GDP 分别相当于中部地区的 2.08 倍和西部地区的 2.63 倍，与 1990 年相比，分别扩大了 28.4% 和 38.4%，并且，据研究发现，东、中、西部经济发展水平的差距还在进一步扩大①。由于我国地方教育投入主要由地方政府筹集，各地经济发展的总体水平直接影响该地区支持教育发展的经济实力，也直接影响着该地区教育发展的程度，比如贵州省的小学和初中生均公用经费仅仅相当于上海、北京等发达地区的十分之一左右②。近年来，在义务教育阶段，尽管教育投入已经开始向经济落后的西部地区倾斜，但是，不少地区限于财政能力，财政性教育经费仍然存在着较大的缺口，增长幅度缓慢，地区间的经济发展不平衡成为长期以来制约教育发展的"瓶颈"之一。

2. 城乡二元结构的发展模式是造成城乡校际差距的历史原因

城乡二元结构是世界发展中国家普遍存在的一种历史现象。中华人民共和国成立初期，我国实行了高度集中的计划经济体制，为了加快工业化建设，国家运用各种行政手段，从社会各方面特别是农村集中有限的资源，形成工业和城市建设的资金积累，同时，限制人口向城市流动。这些措施使我国在短时间内建成了比较完整的工业体系，在当时虽然有其历史必然性，但是，也造成了中国城乡二元分割的格局。这种城乡二元分割的社会结构使我国一系列的社会发展政策和制度都带有了严重的城市取向，包括城市取向的教育政策、城市取向的投资制度、考试制度、教师政策等，这使大量的教育资源源源不断地流向城市地区，城市学校的办学条件和教育

---

①张国，林善浪. 中国发展问题报告 [M]. 北京：中国社会科学出版社，2001：101.
②华桦，蒋瑾. 教育公平论 [M]. 天津：天津教育出版社，2006：174.

质量日益提高，而相应地却是农村教育资源的短缺和外流，农村学校的办学条件和教育质量也相对较差，城乡差距越来越大。这些城市取向的教育政策和制度既是城乡二元社会结构的结果，又进一步强化了城乡二元结构的分割，如此恶性循环，导致我国城乡之间差距越来越大。

3. 重点校政策是造成区域内校际差距的直接原因

重点校政策是在教育资源不足的情况下，国家集中有限的教育资源办好一部分学校。重点校政策是一种典型的精英取向的制度安排，在一定时期对于集中有限资源确保优秀人才的培养起到了历史性作用，但同时，重点校政策在客观上也造成了我国教育事业发展的不均衡，集中体现为教育内部资源配置的严重失衡。由于实施重点校政策，国家把大量稀缺的教育资源源源不断投入到部分重点学校中去，这一方面导致对普通学校尤其是农村学校的投入相应减少；另一方面重点学校由于经费充足，可以按照较高的标准改善办学条件、选择优秀的教师资源以及吸引更多好的生源，从而大大加剧校际之间的差距。近年来，人们对教育的需求开始由量向质转变，人们对优质教育的需求也日益迫切。在这种背景下，以重点学校为代表的优质教育资源更加紧缺，为了缓解这一矛盾，各地在义务教育阶段开始盛行择校。这使那些重点学校在继续享受优惠政策的同时，还吸纳大量的择校费，重点校与非重点校之间的差距越来越大，形成了严重的"马太效应"。

4. 执法不严是校际差距产生的外部原因

制度和法律法规是社会公平实现的保障，也是教育公平实现的保障，当前已有的相关法律法规没有得到强有力的执行是我国校际差距产生和拉大的重要原因。《义务教育法》和《教育法》以基本法形式规定了我国公民接受教育的公平性和公平措施，同时也规定了对违反法律者追究法律责任。然而，从现实情况看，这些法律法规并没有得到普遍的遵守和执行，特别是义务教育阶段，有法不依、执法不严的现象还比较严重。如2006年9月1日颁布实施的新《义务教育法》第2条明确规定："实施义务教育，不收学费、杂费。国家建立义务教育经费保障机制，保证义务教育制度实施。"新《义务教育法》大力推进义务教育均衡发展，制止依据学生考试成绩对学生排名次、分重点班现象，遏制义务教育"择校风"的蔓延。但事实上，中小学乱收费现象屡禁不止，重点校、重点班依然普遍存在，这恰恰说明了教育法的执法情况及监督机制的不完善。制定和完善政策法规是保障教育事业发展的必要条件，但只有当这些政策法规得到了切实的执行时，它们才能起到应有的作用。因此，国家应该建立教育督察机构对与教育有关的法规执行情况进行经常性检查，向人大会议及时报告这些违规现象，对违法行为进行纠正、制止，并追究有关政府领导人员的行政和法律责任。

5. 我国社会阶层分化是产生校际差距的重要原因

在一个社会中的人们，由于在财产、资源和机会的分配上出现了不平等，因而被区分出在政治、经济和社会等维度上的不同阶层，而来自不同社会阶层的子女，拥有的教育机会并不均等，也就是说，父母的社会地位、经济收入和受教育程度决定着家庭所拥有的经济资源和文化资源，这些资源又通过不同的方式来影响其子女的受教育过程及其就业状况。教育往往被视为平衡社会利益分配、促进不同社会阶层之间流动的重要工具，为了让子女亦须保持自身的优势地位或者跳出当前的弱势地位，父母总是有着让他们追求更高、更好教育的迫切要求，以期其子女获得较高的社会和经济地位。由于社会经济发展的现实原因，加之教育资源还很有限，目前还不可能实现"人人都能享受高质量的教育"这一更高层次的教育公平目标。近年来愈演愈烈的"择校热"实质上表现为各社会阶层围绕着不公正分配后的优质教育资源的争夺。大量研究表明：在重点学校，来自经济资本和文化资本都较强的家庭的子女占有较大的比例，他们在享受更多更好的教育资源方面具有更大的优势，而相当数量的农村地区学生则聚集在教育资源和教育质量都相对薄弱的学校。这不仅导致了学校的阶层差异，也是造成校际发展不均衡的重要原因之一。

资料 4.1

农村中小学状况堪忧

这是 1 所乡初中，在校生 1500 多人，教师 68 名。多年来，上级从未拨过一分钱的办公经费，全校一学年的所有收入就是学生所交的 6 万元杂费。

一年下来，电费（5角多1度）是3.5万元；办公用品费3万元；图书和理、化、生实验所需的仪器、药品费4.5万元；校舍维修费4万元；电话费0.4万元；体音美器材费0.6万元；教师外出进修学习差旅费1万元。加之一些其他的临时性开支，维持学校的正常运转，一年至少需要十六七万元。这样，学校的经费缺口每年都在10万元以上。

李校长说，再难也还要办学，总不能让学校关门吧。于是，只有"钻窟窿打洞"想办法。前年学校建微机室，32台电脑需11万多元。学校没钱只有先欠着人家电脑公司的，想靠收学生每人每学期35元的上机费慢慢还，结果只收了两个学期，上级说是乱收费就给停了，到现在学校还欠5万多元，电脑公司已经到法院起诉校长了。为节省电费，下午一下课校长就拿个小棍儿，在校园里转，不是实在看不见了，哪个教室也不准开灯。到城里买图书，基本上挑便宜的买，为省钱，甚至专买三五元一本的盗版书。今年暑假，省里搞新教材培训，学校的教师进城只敢住二三十元一夜的小招待所。

记者在该校采访时看到，因为没有实验室，学生的化学实验就在会议室里做，而会议室门上还挂着"家长学校"的牌子。在礼堂兼餐厅里，没有桌子和凳子，学生们把碗放在地上吃饭。李校长愁眉苦脸地说，今年雨水多，要修理倒塌的围墙，给厕所换顶，可实在没钱，只能先欠着施工队的。记者还发现，农村初中教师专业不对口也是一个问题。因民办教师转正、学历进修等原因，造成数学、英语等学科师资不足。该校9名英语教师中，真正英语专业的只有1人，其余都是"半路出家"，有5人过去是教体育的，教学质量可想而知。

相比之下，村小学更加困难。王庄村小学有一座两层小楼，校园干净整洁，管理得不错。全校有6个年级，317名学生，12名教师。学校的收入也是靠学生所交的杂费。每人每学期25元，除去10多名免交杂费的特困生外，这6000多元就是学校全年的收入，所有的费用都要从中支出。为节约办公用品，老师使用的粉笔、纸张都严格限制；比赛篮球嫌贵，就买了6个橡皮球代替，结果开学不到两个月就破了5个；音乐课没有风琴，就用一个小收录机代替，后来发现电池消耗太大（教室里没有电线插头），也不敢按时开课了；学校安装不起电话，有什么通知只能把电话打到校门口的小卖部叫人。老师到县城听课，来回车费是5元。可就这5元钱学校也往往报销不了，只能老师自己先垫着，到期末收了费再说。教学楼多处漏雨，李校长几次找支书和村长，但都说没钱修。请村里担保先赊账也没人干。今年教师节，校长求爷爷告奶奶，好不容易让生源所在地的两个村各拿了200元钱。花210元去街上吃了两桌饭（把支书也叫上了），又用剩下的钱给每人买了一把伞，算是过了节。

此外，教师缺编也影响了教学，使该开的课开不了或开不全。因为缺教师，该校音乐、美术课基本上都是由班主任上，英语课根本开不了。上级制定的编制是，农村小学师生比为1：25。但乡村学校反映，如按这个比例，教师数量偏少，很难开全开足课程。某县今年有中师毕业生85名，因乡村教师编制所限，只有9名教师子女被照顾安排工作，其余都在家待业。这也造成了一方面乡村学校缺教师，一方面师范毕业生就业难的问题。

资料来源：陈强. 农村中小学状况堪忧［N］. 中国教育报，2003 – 10 – 20. 有改动.

二、我国义务教育县域内校际差距的实证分析

义务教育阶段学校之间的差距主要体现在地区之间、城乡之间、重点校和非重点校之间以及不同社会阶层之间等四个层面。事实上，现有的研究已经表明，同一区域内不同学校之间的差距已经远远大于区域之间的学校差距，比如说，青海省与上海市的教育差距固然很大，但在青海省内城乡之间、校际之间的差距，要大于青海与上海之间的省际差距①。因此，现阶段义务教育研究的重点应放在如何缩小和消除区域内部的校际差距上来。笔者在这里着重考察同一区域内部校际发展的不公平问题，这里的学校指的是同一类型同一层次的学校。

（一）调查对象与方法

要想进行校际差距的比较研究并不容易，因为收集学校的相关数据非常困难。一方面，我国公开发布的教育统计资料，从来不按照学校类别分

---

①杨东平. 中国教育公平的理想与现实［M］. 北京：北京大学出版社，2006：11.

开统计；另一方面，涉及学校的教育经费收支状况，是一个很敏感的话题，相关人员和部门都不愿意提供确切的数据资料。所以说，要想得到不同类型学校的数据，只能对不同类型的学校分别进行个案调查。

1. 调查目的

由于受时间、精力和经费等主观和客观方面的限制，本研究重点调查同一县域内同一类型同一层次学校之间的不公平状况，包括城乡之间的学校差距、重点和非重点学校之间的差距以及学校之间的阶层差距。

2. 调查对象

在本研究中，笔者在 D 县县城区选取重点中学和非重点中学各 1 所，然后，再在该县选取 1 所农村普通中学。由这 3 所学校随机指定初中 3 个年级中的任意两个班级，这两个班级的所有学生都是调查对象。由于调查内容涉及学生的学习成绩，所以在年级的选取上采取在这 3 所学校都选取同一年级的做法。在调查过程中，共调查这 3 所学校的 6 个班级 307 名学生。其中，重点中学 104 人，非重点中学 111 人，农村中学 92 人。

3. 调查方法

该调查主要分为两个部分：一是由笔者对这 3 所学校的负责人进行访谈，根据指标体系列出访谈提纲，访谈内容包括各个学校的经费、师资和办学条件等基本状况；二是对这 3 所学校的学生进行问卷调查，问卷内容主要涉及学生的家庭背景（父母亲职业、家庭经济收入、父母学历水平等）、学生对于学校生活的主观感受、最近一次模拟考试成绩、对学校现状的意见和建议等，以了解各个学校学生的基本状况有何差异。调查问卷由专业人员与班主任配合利用学生课间休息的时间填写，当场收回，回收率 100%，其中有效问卷 302 份，有效率为 98.3%。并对这 3 所学校的个别学生进行了相关的访谈。数据用 SPSS12.0 进行处理。

（二）调查结果与分析

通过对访谈内容的整理和调查问卷的统计，把调查结果进行归类，可以从两个层面进行比较分析，一个是重点学校、非重点学校以及农村学校之间的差距，另一个是重点学校和非重点学校之间的阶层差距。

1. 县域内部的校际差距

（1）教育经费投入状况的比较。这部分主要考察这 3 所学校的教育经费配置状况，从表4.1可以看出，重点学校无论在生均教育经费水平上，还是生均教育事业费和生均公用经费水平上都远远优于非重点学校和农村学校。尤其是在生均公用经费上，学校之间的差距最大，重点学校的生均公用经费是非重点学校的3.7倍，是农村学校的4.2倍，而非重点学校是农村学校的1.2倍。在学校经费比较紧张的情况下，普遍倾向于首先压缩公用经费，因此，生均公用经费的多少可以在一定程度上反映学校教育经费的宽裕程度。

表4.1　校际教育经费投入状况的差距（单位：元）

	重点学校	非重点学校	农村学校
生均教育经费	5029	3232	2611
生均教育事业费	4062	2989	2355
生均公用经费	1466	393	341
择校费	30000	10000	3000

而形成这种巨大差距的原因在于非重点学校和农村学校的教育经费主要源于政府的教育拨款，而重点学校除了政府拨款之外，还有社会捐资、校办产业以及学杂费等方面的收入，其中还包括大量的择校收入。C 地区公办学校的择校费均有教育主管部门统一收取，然后再由教育主管部门按照一定的比例返还给学校。从表4.1我们可以看出，重点学校的择校费是非重点学校的 3 倍，是农村学校的 10 倍，而且重点学校接受的择校生远远大于非重点学校和农村学校，这就进一步拉大了各校办学经费的差距。在调查过程中，笔者还发现教育经费投入不足仍然是薄弱学校和农村学校发展面临的最大困难之一。正像非重点学校的一位教导主任说的那样："说来说去还是钱的问题，每年上面就拨那么点钱，除了给教师发工资以外，根本就不剩多少，什么也干不了。"这位教导主任的话深刻体现了薄弱学校发展的艰难处境。

（2）师资队伍情况的比较。高素质、高水平的教师队伍是决定一所学校办学水平和教育质量的最重要的因素，义务教育质量的均衡化离不开师资配置的均衡化。目前，义务教育阶段校际间发展不均衡，很重要的一个原因就是师资水平之间存在差距。从表4.2可以看出，非重点学校与重点学校相比，农村学校与城市学校相比，无论是在生师比、专任教师比例、专任教师本科以上学历比例和中级及以上职称教师比例上，还是在教师工资待遇上，都还存在一定的差距，但从调查数据也可以看出，由于近年来国家大力推进教师资格证书制度，中小学教师的学历达标率迅速提高，教师的学历水平基本上都达到了国家规定的要求。

表4.2　校际教师队伍情况的差距（单位:%）

	重点学校	非重点学校	农村学校
生师比	17.3:1	18.5:1	19.2:1
专任教师比例	71.41	44.23	40.52
专任教师学历合格率	98.63	92.34	87.21
中级及以上职称教师比例	66.81	46.29	34.32
每年接受培训教师比例	70.21	53.32	44.41
教师月基本工资（元）	1771	1632	1289

然而，需要注意的是：农村学校教师学历提高的情况比较复杂，大多数农村教师的第一学历是通过函授以及各类水平参差不齐的自学考试获得的。鉴于目前针对教师学历达标进行的各类培训在质量保障上尚有缺陷，对于通过培训或进修等方式来实现的教师学历提高需要保持清醒地认识。此外，农村学校许多教师所学专业与任教学科不符，一些紧缺学科缺乏专业教师，许多教师教非所学，这也在很大程度上影响了学校的教育质量。

从教师基本工资的调查数据来看，不同学校的教师之间的工资待遇存在一定的差距，从调查数据来看，城乡教师的工资待遇仍然存在较大的差距，基本工资每月相差达到四五百元，而重点学校与非重点学校之间其差距并不太大，这也是很多老师宁愿去城市的薄弱学校也不愿意去农村学校任教的一个重要原因。此外，笔者经过深入了解还发现，除了基本工资以外，重点学校教师的福利待遇与非重点学校相比，尤其是与农村学校相比，相差就太大了。与城市学校教师相比，农村学校的教师只能拿到基本工资，而城市学校的教师除了工资以外，还有学校发的津贴、住房公积金等，而农村学校的民办教师根本没有。在重点学校，教师每个月拿的各种津贴甚至比工资还要多很多。据了解，重点学校一位中学教师每个月的工资能达到 4000 元以上，是非重点学校教师的一到两倍，与农村学校教师相比，差距就更大了。

（3）学校办学条件的比较。2005 年 5 月教育部下发的《关于进一步推进义务教育均衡发展的若干意见》明确提出：省级教育行政部门要根据国家有关规定和当地实际情况，制订或完善本地区义务教育阶段学校办学条件基本要求，以此推进薄弱学校和农村学校办学条件的改善，逐步缩小学校办学条件的差距。2006 年 9 月颁布的新《义务教育法》也明确规定：县级以上人民政府及其教育行政部门应当促进学校均衡发展，缩小学校之间办学条件的差距。然而，从调查情况来看，重点校与非重点校之间，城市学校与农村学校之间在办学条件上仍然存在着较大的差距（见表4.3）。

表4.3　校际学校办学条件的差距

	重点学校	非重点学校	农村学校
生机比（人／台）	6.6:1	15:1	27:1
生均拥有图书数量（册／人）	38	33	21
生均仪器设备值（元／人）	584	259	245
多媒体使用率（小时／周）	20 – 25	10 – 15	10 – 15
生均校舍建筑面积（平方米／人）	11.8	9.2	10.7
生均体育场（馆）面积（平方米／人）	5.3	3.8	4.2

以学校的体育运动场地为例，一方面，在重点学校是建筑面积一万多平方米的现代化体育运动中心，内设乒乓球馆、篮球馆、排球馆、田径馆、体操馆，美术教室、音乐教室、舞蹈训练室和乐队排练室等；另一方面，在非重点学校和农村学校是光秃秃的一小片空地。再考虑到东北地区的气候条件，试想在零下二三十度的寒冷天气里，学生们如何上体育课，如何进行体育活动呢？学校的图书配备在数量和质量上也存在较大差距，一方面，重点学校的图书馆建筑面积好几千平方米，馆藏丰富，可同时容纳

1400 多名学生阅读；另一方面，农村学校的图书馆就是一间大教室改造而成，图书总数虽然不算少，但是复本很多，图书的可读性也比较差，近两年新增的图书几乎没有。此外，在调查过程中，笔者还进一步了解到，在非重点学校和农村学校 80% 以上的学生都认为目前学校最需要改进的就是校园环境和教学设施。

（4）接受贫困补助学生比例。2003 年颁布的《国务院关于进一步加强农村教育工作的决定》提出，要建立健全资助家庭经济困难学生就学制度，争取到 2007 年全国农村义务教育阶段家庭经济困难学生都能享受到"两免一补"（免杂费、免书本费、补助寄宿生活费），努力做到不让学生因为家庭经济困难而失学。现如今，"两免一补"政策已经开始实施并取得了一定的成效，但是，从表 4.4 可以看到，非重点学校和农村学校享受"两免一补"学生的比例分别为 12.7% 和 7.8%，而在非重点学校和农村学校，农民工子女、农民子女、下岗职工子女占很大一部分，据调查统计，在非重点学校和农村学校，家庭月收入在 500 元以下的学生比例分别为 23.5% 和 31.5%，与贫困生所占比例相比，享受"两免一补"学生的比例还远远不足，因此，政府补助政策的执行力度还有待加强。

表4.4　校际接受贫困补助学生比例（单位:%）

	重点学校	非重点学校	农村学校
享受"两免一补"学生比例	7.1	12.7	7.8

（5）学生学业成绩的比较 。尽管学生的学业成绩不是评价学校教育质量的唯一标准，但在一定程度上也是反映一所学校教育质量高低的一个重要标准。从表 4.5 可以看出，重点学校学生的语文、数学和英语平均成绩分别是 98.5 分、101.4 分和 96.5 分，明显高于非重点学校和农村学校学生的平均成绩。通过调查进一步发现，重点学校的学生成绩两极分化比较严重，而在非重点学校和农村学校，学生成绩大多数集中于中等和较差的成绩段，成绩优秀的学生比较少；而非重点学校与农村学校学生在学业成绩上并无太大区别。笔者还发现，农村学生普遍将外语视为最难学、成绩也相对较差的学科，主要原因在于农村学生缺乏早期学习的条件、环境和资源。

表4.5　校际学生学业成绩的差距①（单位：分）

	重点学校	非重点学校	农村学校
语文	98.5	82.9	80.5
数学	101.4	75.2	72.1
英语	96.5	73.8	63.8

（6）学校教育结果的比较。从这3所学校的辍学和升学情况来看，重点学校与非重点学校和农村学校之间存在差距，而非重点学校与农村学校之间情况较为相似。就我国当前来说，升学是衡量一所学校教育质量高低的一个重要标准，也是学校获取优秀生源和较高社会声誉的重要砝码。笔者在调查中了解到，很多学生包括家长普遍认为：城市的学校比农村好，重点学校比普通学校好，家里如果有条件的话，想尽一切办法也要让孩子上一所相对较好的学校。很多家长宁愿让子女来城里上一所普通学校，也不愿意让孩子在农村学校上学。调查还发现，家庭经济困难和升学无望仍然是学生辍学的主要原因，据了解，每个初中生每年的上缴学杂费达180元左右，除此以外，家长还要负担教辅书费、文具费、交通费以及寄宿学生的食宿费等多项费用，有些贫困家庭学生的日常教育费用甚至占到家庭经济收入的50%以上，特别是农村多子女家庭往往因支付不起必要的教育费用而辍学，因家庭贫困而辍学的学生占辍学总数的40%左右。

表4.6　校际教育结果的差距（单位:%）

	重点学校	非重点学校	农村学校
辍学率	4	15	17
升学率	86	45.6	40

（7）学生主观满意度的比较。从调查问卷的统计结果来看，重点学校的学生满意度明显高于非重点学校和农村学校，重点学校与非重点学校学生的满意度相差14个百分点，与农村学校学生的满意度相差35个百分点，而农村学校与城市普通学校相比还相差21个百分点。这一方面显示了不同学校学生主观感受上的较大差距，另一方面也显示了各个学校教育质量上

① 3所调查样本校语文、数学和英语各学科满分都为120分。

的较大差距。在进一步的调查中，笔者还发现，在非重点学校和农村学校，80%以上的学生认为目前学校应该在教学设施和教师素质这两个方面作出改进，而在重点学校，大多数学生则认为目前学校应该在教学方式和学校管理上作出改进。这也反映了当前非重点学校和农村学校发展要解决的最大问题仍然是师资和办学条件的改善，而重点学校的发展已经转向了注重教育质量的内涵发展。

表 4.7　校际学生主观满意度的差距（单位:%）

学生满意度	重点学校	非重点学校	农村学校
很满意、满意	79	65	44
一般	14	18	34
不满意、很不满意	7	17	22

2. 学校之间的阶层差距

20 世纪 90 年代以来，由于社会贫富差距的加大、重点校制度的实施以及"择校风"的盛行，学生的家庭背景成为影响学生能否进入重点学校的重要因素。无论在农村还是城市，无论在小学、中学还是大学，学校的阶层分化都呈比较明显的趋势，优势阶层的子女更容易进入重点学校，而中低阶层的子女则更多地分布在教育资源和教育质量相对较弱的非重点学校甚至薄弱学校。笔者认为，学校的阶层差距正在成为突出的社会问题之一。

关于社会阶层的划分，笔者在借鉴前人研究成果的基础之上，按照个体所占有资源的类型和资源的多少将研究对象的家庭背景划分为不同的经济阶层、不同的职业阶层和不同的知识阶层。这种划分方式沿袭了国内外多元标准的划分模式，认为社会各阶层之所以存在差异正是因为不同利益群体对经济资源、职业资源和知识资源占有的不同。同时，从当前社会阶层划分的现实来看，这种分层划分方式也比较符合我国当前社会转型期多元存在的社会现状。在本研究中，笔者将学生的阶层资本概念简单地操作化定义为：学生的家庭经济收入情况、父母亲的职业地位以及父母亲的受教育水平。在这里，需要加以说明的是：由于农村学校的学生构成比较单一，大多数都是农民子女，阶层差距并不十分明显，因此，这一方面的调查仅仅针对城市地区的重点学校和非重点学校进行，表4.8、表4.9和表4.10及图4.1是根据问卷中对这两所学校学生的调查结果进行的统计情况。

（1）学生家庭的经济收入情况。家庭的经济收入不仅会影响到家庭教育投资决策，还有可能对接受教育的子女产生不同的心理影响，从而影响到学业的成功与否。通过表4.8我们可以看出，在调查范围内，重点学校与非重点学校学生家庭经济背景表现出很大的差异。在重点学校，学生的家庭月平均收入主要集中于第三档（1500－2500元）和第四档（2500－3500元）两个档次；而在薄弱学校学生的家庭月平均收入则主要集中于第二档（500－1500元），而家庭月平均收入在500元以下的比例占到了23.5%。据此，笔者认为可以得出如下结论：重点学校与非重点学校的学生在家庭经济背景方面是具有很大差距的，即不同经济收入家庭的学生在重点学校和非重点学校的分布存在显著差异，高收入家庭的子女在重点学校的比例明显高于非重点学校。

表4.8　校际学生家庭的经济收入差距（单位:%）

家庭月平均收入	重点学校	非重点学校
500 元以下	5.6	23.5
500－1500 元	14.2	53.3
1500－2500 元	36.4	14.4
2500－3500 元	34.2	4.7
3500－5000 元	7.5	2.9
5000 元以上	2.1	1.2

（2）学生父母亲的职业背景①。与经济资本这种因素不同，作为一种职业地位，它主要是通过运用该职业所掌握的社会资源来对子女的入学和升学产生影响，从而最终影响到子女的教育获得。获得某种职业的同时也就获得了某种社会地位，不同的职业意味着不同的社会地位，反映在其子女的教育机会上也有差别，在市场竞争条件下，由职位带来的权力、关系

①学生父母亲职业背景的分类标准主要参考陆学艺主编的2002年出版的《当代中国社会阶层研究报告》一书，为了问题阐述和资料统计的方便，笔者对一些社会阶层进行了整合，最终划分为以下7类标准。

可以为子女接受更好的教育提供方便，而不同的职业也意味着家庭经济收入的差别。因此，职业往往被作为划分社会地位最重要的标准之一。在调查的学生中，尽管重点学校学生父母亲的职业背景所属的阶层比较分散，但仍然可以看出主要集中于社会中上层，例如管理者、经理人员、私营企业主、技术人员和办事员等，而处于社会低阶层的工人、农民、无业和下岗人员所占比例则非常低；相比而言，非重点学校学生家长的职业地位显然要差得多，大多集中于个体、工人、农民、无业、下岗等社会中下层，其中，父母亲的职业背景在社会中下层的比例占到总人数的60%左右。所以说，从学生父母亲的职业背景来看，不同阶层的子女在学校系统的分布，可以看出，重点学校学生和薄弱学校学生在家长的职业阶层方面是有差距的，不同家庭背景的学生，进入重点学校的比例是明显不同的，社会中上层子女进入重点学校的入学机会比低阶层子女要高得多，见表4.9。

表4.9　校际学生父母亲职业背景的差距（单位:%）

社会阶层类别	重点学校		非重点学校	
	父亲	母亲	父亲	母亲
管理者、经理人员	24	12.6	7.4	2.1
私营企业主	11.6	5.1	1.6	0.9
技术人员、办事人员	36.3	26.4	10.1	8.9
个体、服务人员	10.7	23.8	21.2	24.5
工人	12.4	16.1	23.5	12.5
农民	5	11	23.5	19.7
无业、待业、下岗人员	0	5	12.7	31.4

　　（3）学生父母亲的学历水平。家长的学历水平作为一种文化资本，它可以通过家庭教育的形式对子女教育产生影响。一般来说，家长的受教育水平越高，对子女的教育期望就越高、支持的力度就越大，他们对子女在教育过程中提供的帮助就越直接，其子女获得教育机会和学业成功的可能性也就越大。因此，家长的受教育水平与子女的受教育机会存在很大的相关性，见表4.10。通过表4.10我们可以看出，在调查的学生中，重点学校和非重点学校学生家长的受教育水平也表现出较大的差异。在重点学校，

学生父母亲的学历水平主要都集中于大学毕业（包括大专）和高中毕业（包括中专）这两个档次；而非重点学校学生父母亲的学历水平则主要都集中于初中毕业和高中毕业（包括中专）这两个档次。据此，可以看出，重点学校与非重点学校的学生在父母亲的受教育程度方面具有较为显著的差异，与非重点学校相比，重点学校的学生家长拥有更多的文化资本。

表4.10　校际学生父母亲学历水平的差距（单位:%）

受教育程度	重点学校		非重点学校	
	父亲	母亲	父亲	母亲
小学毕业	0.7	0.7	11.3	24.2
初中毕业	9.1	8.5	37.5	37.5
高中毕业（含中专）	28.9	36.5	34.2	27.8
大学毕业（含大专）	47.1	42.4	16.1	10.5
硕士毕业	10.7	9.8	0.9	0
博士毕业	3.5	2.1	0	0

综上分析，虽然本研究样本规模非常有限，以及笔者数据统计技术方面的局限，未能精确的计算出不同的社会阶层划分标准下社会阶层与学生学业成就之间的相关系数，以及各种资本与学生分布之间的相对应关系。但是，从对调查结果的分析可以看出：重点学校和非重点学校学生的家庭背景具有非常显著的差异，总体来说，与非重点学校学生相比，重点学校学生的家长拥有更多的经济资本、文化资本和社会资本，而社会中上阶层的子女进入重点学校的入学机会和就学比例都要比低阶层的子女高很多。

值得注意的是，通过对调查结果的深入分析我们还可以发现，家长的职业地位、经济收入和文化程度往往是互相重叠的，也就是说，在某一方面占有优势的阶层往往在其他方面也是占有优势的，即社会中上阶层可能在经济收入、文化资本和职业地位等方面同样都占有优势，而社会的低阶层可能对这些资本的占有都处于相对弱势的状态。倘若这种两极分化的阶层划分模式与现有的教育体制对应起来的话，那么不能不再次引起我们对教育公平基本理念的深深思考。

3. 调查结果的总体分析

从调查结果分析可以看出：受教育者所处的地理位置（城市/农村）、家庭背景（父母的社会地位、经济条件、文化水平）在很大程度上决定着他/她可以进入什么样的学校接受教育，接受什么样的教育。调查研究发现，优势阶层的子女更容易进入重点学校，而中下阶层的子女则更多地集中在普通学校和农村学校。由于历史的原因和政策的原因，在重点学校与非重点学校之间、在城市学校和农村学校之间存在较大的差距，这些差距不仅表现在显性的经费、师资水平以及办学条件等方面，还表现在隐性的校园文化、学习氛围和升学机会等方面，因此，进入不同学校的学生在受教育过程中接受的是不同质量的教育，随之带来的影响是学生学业成绩和学校教育结果的不公平。这一过程可以简单地用图4.1表示。

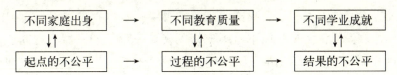

图4.1　"教育不平等"的理解模式

教育往往被视为平衡社会利益分配、促进不同社会阶层之间流动的重要工具，那些相对处于劣势地位的农民阶层，为了让子女跳出自身的弱势地位，总是有着让他们追求更高、更好教育的迫切要求，以期其子女获得较高的社会和经济地位。由于社会经济发展的现实原因，加之教育资源还很有限，在短时间内也不可能使每一位适龄儿童都能够接受相同质量的优质教育。只要存在社会阶层的分化和社会经济地位的差别，教育机会和教育结果都难以做到完全平等，这是必须承认的现实。我们所追求的教育公平的目标就是努力为所有社会个体争取和创造同等的接受高等教育的机会，让个人的天赋、努力和主动性等自身的内在条件（而不是让社会地位、家庭背景等某些外在条件）成为导致人与人之间学业成就和经济成就不同的主要原因。然而，通过本研究的调查分析发现，我国目前的教育现状与教育公平的理念是根本相悖的。

事实上，在教育中，由自然天赋和个人努力等因素所导致的不平等是可以接受的，也是个体应得的结果，而由制度性因素所导致的不平等则可以通过政策努力进行调和。政府应当坚持正义原则，对低收入阶层和弱势群体给予特殊的照顾，使社会弱势人群获得最大利益，不仅要有制度性渠道把弱势群体的需要反映出来，还要有政治性的激励机制使政府去关怀他们的需要。弱势补偿不仅是所谓福利国家的问题，也是民主制度的问题。在发达国家，这种防护性保障在社会福利的名义下已经基本上建立起来了，在发展中国家，建立弱势补偿的防护性保障更是一项基本建设。

（三）基本结论

基于我国义务教育阶段学校差距的现状以及调查结果的统计分析，笔者得出以下几点结论。

1. 义务教育经费投入不足仍然是薄弱学校和农村学校发展面临的最大困难

与世界其他国家相比，我国的义务教育经费投入在教育经费总投入中所占的比例偏低，而这些原本就不充裕的义务教育经费在城乡之间、学校之间的分配还是很不均衡的，大量的资金源源不断地流入城市学校和重点学校，而原本需要扶持的薄弱学校和农村学校教育经费却极度匮乏，城乡差距、校际差距显著。义务教育阶段薄弱学校和农村学校的教育经费严重不足，其发展非常的艰难。

2. 学校之间在办学条件和师资水平上存在着较大的差距

从调查结果可以清楚地看到，城市学校与农村学校之间、重点学校与非重点学校之间在办学条件和师资水平上存在较大的差距，重点学校在经费投入、师资水平、校舍以及教学设施等方面都明显优于非重点学校，而城市学校又普遍优于农村学校。我国城乡之间、学校之间教育资源配置的不均衡，是由我国的城乡二元发展结构、长期以来教育资源配置上的城市倾向以及教育政策上的重点学校导向影响的结果。

3. 农村教育是推进义务教育均衡发展的重中之重

相对于城市教育而言，农村教育始终处于我国教育的最底层，当大批城市学龄儿童的父母在为了使其子女能够进入重点学校展开激烈竞争的时候，同样的农村学龄儿童的父母却在为其子女能否上得起学而痛苦烦恼，这种巨大的城乡教育差距成为一条难以逾越的鸿沟。农村学校的薄弱和艰难，集中体现了我国教育公平的所有重要问题。因此，农村教育的发展是实现我国义务教育公平的难点和重点，只有大力发展农村教育，才能真正实现我国义务教育的均衡发展。

4. 依法全面落实和实施义务教育免费制度

义务教育具有强制性、免费性和公共性的特点。2006年9月颁布的新《义务教育法》明确规定：实施义务教育不收学费、杂费。不收学杂费有利于保障所有适龄儿童、少年接受义务教育的权利，特别是保障农村地区、少数民族地区以及其他家庭经济困难的适龄儿童、少年不因贫困而失学、辍学，促进义务教育的公平。我国虽然从法律上确定了义务教育的免费属性和扶持义务教育阶段贫困学生的政府责任，但是，在调查过程中，笔者发现很多学校仍然存在乱收费和强迫收费的问题，比如强迫家长给孩子买课外辅导资料、订报章杂志、上辅导班等，所以说，学校的高收费、乱收费仍然是学生和家长面临的重要问题。虽然国家对贫困学生实施了"两免一补"的救助措施，但与学校总体贫困生的比例相比，扶持力度还远远不够。到目前为止，还有相当一部分学生因为家庭经济困难而辍学。国家应该真正深入调查，制定义务教育不收学杂费的具体步骤以及相配套的保障措施，坚决杜绝"一边免费一边乱收费"现象的发生。

5. 学校间的阶层差距显著，日益成为严重的社会问题

从调查结果分析来看，我国学校之间存在显著的阶层差距，即不同阶层与质量不同的学校间的分布是不均衡的，进入重点学校的学生，其父母受教育水平、职业地位和家庭经济收入都要优越于进入非重点学校的学生，而农村学校的学生家庭条件相对较差。义务教育的学校制度和教育制度正在成为一个强有力的、对学生不断强迫分层的制度，学校的阶层差距日益成为一个突出的社会问题。

资料4.2

一位流动儿童的理想

B同学来自安徽，父母在这个城市做生意。她最初在家乡的小学读过一

年，后来父母在这边生意做得不错，就把她接到身边来了，之后她一直在这所学校读书。对于将来的打算，她是这样说的："我知道只有好好学习，将来才能有出息。我们老家有些同学也跟着爸爸妈妈过来了，但是他们不好好学习，考不上学校，只好跟着做生意。"

B同学的经历具有一定的代表性，跟随在城市做生意的父母流动到这所简易中学来读书，她对目前的生活似乎还算满意，没有太多怨言。但这并不意味着她满足于现状，她也有自己的理想——"好好学习，将来有出息"。他们"有出息"的愿望无非是好好学习，将来考上大学，这样今后才能多挣钱，最好的当然是能在社会地位上也得到承认。但迫于生计的需要，使得他们更加注重经济资本的获得。

作为父母，虽然自身没有足够的教育子女方面的知识，也没有汲取知识的兴趣和信心，但他们却把希望都寄托在了孩子身上，几乎没有人愿意自己的孩子还去务农，将经商作为孩子未来职业的比例也很小，他们绝大多数希望子女以后从事社会声望和地位较高职业的意识非常强烈。某县统计局对118户农民进行的一次调查显示，76%的人不愿意当农民，问到他们的子女今后将选择何种职业时，无一例外地抛弃了当农民的选择。新一代的农民子弟很多人根本没有下过田，他们的父母也从没想过让他们的子女长大后还当农民。

亲身体会到生活的困苦与社会地位的低下，这样一种经验使得简易学校中的孩子想要摆脱目前困境的愿望更加强烈，而他们最初是将达成这一心愿的希望寄托在多挣钱上，在经济上取得成功之后，再顺其自然地考虑社会地位的上升。

资料来源：艾琼. 从乡野的主人到城市的边缘——一项进城民工子女教育的人种志研究［G］//丁钢. 中国教育：研究与评论（第9辑）. 北京：教育科学出版社，2006：207－208. 有改动.

三、消除我国义务教育校际差距的政策建议

改革开放以来，在经济高速增长的同时，我国的教育事业也取得了长足的发展和进步。然而，由于教育投入总体水平较低、教育投入结构以及

教育投入地区分布不合理，我国义务教育阶段的区域之间、城乡之间以及校际之间的不公平并没有得到有效的改善。要想改变我国义务教育校际差距的状况，最根本的是进行彻底的社会变革，从而改变我国社会不平等的现状。然而，就目前而言，我国在很长一段时期内还将面临着城乡二元结构不变、教育资源短缺、经济和文化资本作为一种客观存在对子女教育影响不能根除等情况。在这种状况下，正确认识我国义务教育校际差距的原因和现状，通过制定相应的干预政策和措施就显得尤为重要。

教育政策的不同取向或倾斜，往往会缓解或者加剧现实中的教育差距，与历史形成的导致教育发展不公的社会政治、经济和文化因素相比，真正值得重视的影响是教育公平的制度性因素。相对于通过社会经济发展和社会进步来缩小历史形成的教育差距，通过教育制度变革或者教育政策调整来增进教育公平，显然是更加容易实现的。鉴于义务教育公平的重大意义，基于本研究的调查分析，结合当前的教育政策现状，提出以下相关政策建议以供参考。

（一）建立健全义务教育经费投入机制

充足的、合理的教育经费投入是义务教育均衡发展的重要保障。改革开放以来，我国教育经费得到快速增长，但是，我国的教育投入在国际上仍然处于较低的水平，远远满足不了教育事业自身发展和办好人民满意的教育的需要。在义务教育阶段，我国教育经费不仅总体投入水平较低，同时在地区间、城乡间、学校间经费投入水平的不均衡状况也十分突出，要推进地区、城乡、学校间的教育公平，将众多办学条件和教育质量均处于低水平的薄弱学校提升为优质学校，也亟须加大教育投入力度。

1. 建立规范的《义务教育投入法》，依法进行义务教育经费投入

从世界范围来看，义务教育发展相对均衡的国家，都有一套规范的义务教育财政投入制度，而且各级政府对义务教育应负担的职责非常明确。我国现行的义务教育法律和财政法规，还没有对义务教育的经费投入作出明确的规定。鉴于教育经费对于教育发展的重大意义以及当前我国在义务教育投入上还存在很多问题，国家应制定专门的《义务教育投入法》，在法律上明确规定各级政府在义务教育投入上的责任，确定各级政府教育经费

的负担比例和具体的财政措施，使各级政府都能依据法律明确自己的责任与义务，避免随意性问题的出现。

2. 制定义务教育生均预算内教育事业经费的拨款标准

从经费保障角度看，推进义务教育均衡发展，需要根据不同地区的人均 GDP 和人均可支配收入，制定义务教育生均预算内教育事业经费的拨款标准。对于同一地区的义务教育学校，应当以在校学生数为标准，实行均等化拨款制度，以确保区域内部的城乡之间、学校之间获得大体相当的经费，实现义务教育经费均衡配置。但是，对于城乡之间、校际之间已经存在巨大差距的现状，必须通过适当增加对于薄弱学校和农村学校的投入来实现学校之间的均衡发展。

3. 为了保障义务教育均衡发展，我们应当在制定《义务教育投入法》的基础上，进一步建立起义务教育经费的管理和监督机制

因为各级政府对义务教育的投入是否能切实到位，必须有相应的管理和监督机制加以约束。目前由于我国缺乏规范的监管机制导致教育资金不到位，教育投入不平衡等现象比比皆是，从而导致了义务教育投入不公，扩大了城乡之间、学校之间的差距。因此，我们有必要健全和完善义务教育经费的管理和监督机制，并广泛调动社会各界力量参与到监督政府和学校教育经费执行情况中来。

（二）制定统一办学标准，实施中小学规范化办学

义务教育是指依照法律规定，适龄儿童、少年必须接受的，国家、社会、家庭必须予以保证的国民教育。义务教育公平既包括入学机会的平等，也包括享受高质量教育机会的平等。在普及义务教育阶段，要解决的主要矛盾是学生入学和就学机会不足的矛盾，主要是保障学生受教育的底线标准，使每个适龄儿童都能"有学上"。但是，在义务教育基本普及之后的现阶段，高质量的教育公平必须提到重要议事日程上来，使每个适龄儿童都能"上好学"成为我们追求的更高层次目标。

1. 制定法律法规，统一中小学办学标准

中小学薄弱学校的存在，严重背离了义务教育全民性和公平性的原则，

不仅不能为适龄儿童、少年提供平等受教育的权利和相同的就学条件，还直接导致了中小学"择校热"、"乱收费"现象的产生。因此，为了保障义务教育校际均衡发展，防止人为拉大差距，国家应该尽快制定相关政策法规，统一办学标准。

2. 加大对薄弱学校的改造力度，尽快缩小校际差距

教育在任何时期都会存在差距，要完全消除差距是不现实的也不一定是合理的。为了缩小教育差距，不能采取放慢高水平的发展速度或者把高水平拉向低水平的做法，最好的办法只能是加快低水平的发展速度，即加大薄弱学校的改造力度，实行义务教育的规范化办学。只有提供的办学条件基本平等，才能给学校提供比较公平的竞争环境，才能让每一个学生都能在良好的环境中学习。因此，统一学校办学标准，实施中小学标准化建设，切实加快薄弱学校的改造步伐，办好每一所学校，尽块缩小校际差距，是促进区域内义务教育均衡发展的基本途径。

（三）实现区域内教师资源的均衡配置

科尔曼报告调查发现，教师的语言、能力等是影响学生学业成就的重要因素。教师是学校的第一资源，"择校"的实质是"择师"。胡锦涛同志在全国优秀教师代表座谈会上也提出，"推动教育事业又好又快发展，培养高素质人才，教师是关键。没有高水平的教师队伍，就没有高质量的教育。"因此，从一定意义上说，区域之间、城乡之间以及校际发展水平的差距主要是由师资队伍的差距所决定的，要实现义务教育均衡发展，缩小校际差距，一项重要的配套措施就是实现教师资源的均衡配置。

1. 调整教职工的工资待遇

师资水平的高低是衡量教育质量的重要标准之一，从某种角度看，丰厚的工资待遇是吸引高水平教师的物质基础之一。我们应该对一定区域范围内的义务教育师资实行基本统一的工资标准，同一学校内教师收入应该根据业绩情况有差别，但是，同一区域内义务教育公办学校教职工应当享有大体相当的工资水平，这是实现教师流动的重要保障。在师资方面，实行物质和精神双重奖励机制，使农村教师享有比城市教师更为优厚的待遇，

为农村教育吸引更多优秀的教师资源，努力缩小城乡教育质量的差距。

2. 加强教师培训，提高教师队伍素质

促进薄弱学校、农村学校教师专业化发展，是缩小校际师资水平差距的有效措施。政府要组织相关部门对这些学校的教师进行定期培训，帮助他们提高素质，改进教学方式和教育理念。芬兰基础教育获得成功的重要原因之一就是其有特色的教师培训，为不断提高教师专业素质和知识水平，芬兰各教育机构鼓励教师开展积极的自主学习和研究，免费为他们提供在职或脱产培训和攻读学位的机会。

3. 实行规范的教师轮换制度

教师资源均衡发展是教育质量均衡发展的基本前提和基础。因此，区域范围内各级教育行政部门要加强薄弱学校教师队伍建设，建立起人才培养与流动的优化机制，在优质学校与薄弱学校、城市学校与农村学校之间实行校长和骨干教师的定期相互轮岗制度，促进区域内教师资源的均衡发展。在一些国家，教师轮岗已成为国家法律，如日本公立学校的教师在同一所学校连续工作一般是3－5年，最多不超过10年，校长的任期也只有2年，届时便要调到同一地区的其他学校去任教，以实现校际之间的交流。从我国目前的状况来看，一方面，教师轮岗尚存在诸多的问题，比如城市的教师到了农村的学校很多教不好或者教不了，而农村的好教师到了城市被相中，又不愿意再回去，在一定程度上造成了农村优秀教师的流失；另一方面，教师轮岗还没有在全国范围内普遍展开，也没有成文的规章制度可循。所以说，当务之急是要制定规范的教师轮换制度，加快各项配套措施改革，使其真正成为促进教师资源均衡配置的长效机制。

（四）对于弱势地区和弱势学校实行一定的政策倾斜

联合国教科文组织和主要发达国家都强调"弱势补偿"，即对弱势地区和弱势群体进行一定的教育补偿，以消除教育上的不平等。基于我国当前教育发展不均衡的现状，在义务教育经费投入上，政府决策部门应当把"弱势补偿"和"优先扶持"作为教育政策决策和实施活动必须遵循的一项基本原则。

首先，在义务教育经费投入上，要特别注重对农村地区和薄弱学校的扶持。教育经费不足仍然是薄弱学校和农村学校发展面临的最大困难之一，由于缺乏足够的经费投入，必备的教学设施和仪器设备就得不到有效的保障，学校的办学条件无法提高；极度匮乏的经费投入，也不可能吸引优秀的教师资源，学校的教学质量就无法保证。因此，加大对农村地区和薄弱学校的教育经费投入是实现义务教育均衡发展的前提条件。

其次，改革学校招生制度并完善相应配套措施。通过学校招生制度改革，在招生人数和分数上给农民子女以适当的倾斜，或者使用配额的方式在同等条件下优先录取农民子女，为农村学生提供更多的入学机会，在一定程度上削弱家庭背景的影响。同时，完善与之相配套的助学贷款制度，在完善教育财政转移支付制度的过程中，应把对贫困学生的资助支出作为一个专门的需求因素加以考虑，并以专项拨款的方式承担这一部分经费，使贫困家庭的学生也能上得起学。

最后，重视教育弱势群体，保障义务教育的全面普及。在现实社会中，还有很多适龄儿童由于某些障碍或者缺乏政治、经济和社会机会而不能平等享有教育机会或者优质教育资源，政府和社会应该采取各种手段和措施，保障这些教育弱势群体同样能够享有公平的教育的权利。"农村义务教育免费"、"保障农民工子女接受义务教育"等相关政策法规，这些都是立足于差异原则上进行的政策补偿，然而，制定和完善政策法规是保障教育事业公平发展的必要条件，但只有当这些政策法规得到了切实的执行时，它们才能起到应有的作用。

资料4.3

一场关于"义务教育均衡发展"的对话

甲：你真的相信中小学校可以"均衡"吗？

乙：当然相信。事在人为嘛！

甲：我看够呛！你随便到一所"重点"中小学校走走，再到一所"薄弱学校"或者"普通学校"看看，无论是校舍、教学设施还是上课的情景——也就是从"硬件"到"软件"，都简直差"老鼻子"去了！假如你再从城市走到农村，你就更不会那么乐观了。当然农村也有条件好的学校，其"硬件"几近豪华水平，但那一定是"重点校"无疑！从1977年到今天，将近30个年头，"重点校"体制不断扩大了学校之间的差距，哪儿那么好"扯平"呀？你太理想化了吧！

乙：正因为有差距，而且差距在拉大，所以尤其需要强调"均衡"。

甲：依我看，中小学校"重点"发展没有什么不好，你把它都"弄平"了，家长想把孩子送个好学校都没有了，有什么好处？

乙：义务教育应该面向全体公民，一视同仁，不能将公民分为三六九等来分类施教。我们的目标是办好每一所学校，使每一个孩子都能够上首先是合格、然后是优质的学校。"重点校"体制是使一部分孩子上条件好的学校，其他的孩子上"普通学校"或不得不上"薄弱学校"；而且由于有限的教育资源向"重点校"倾斜，使保证"重点校"的"优势"以牺牲"普通校"和"薄弱校"的发展为前提。这样既影响了教育公平，也背离了和谐社会的应有之义。

甲：可是，事物的不平衡发展是绝对的，而均衡只能是相对的呀！

乙：恕我直言，你的话貌似有理，但只对了一半。我们承认"差别"，但不应该躺在"差别"的现状上不动，更不应以此为理由继续扩大"差别"。我们的观点是，从"不均衡"出发，经过我们的努力，达到"均衡"；当"相对的均衡"被打破时，我们力求达到"新的均衡"。这个从"不均衡"到"均衡"，又到"不均衡"再到"新的均衡"的过程，就是事物的辩证发展过程，这也是和谐社会的发展过程。

甲：我们过去不是强调"效率优先，兼顾公平"吗？"穷国办大教育"，在资金不足的情况下，与其把钱撒了"芝麻盐"，还不如"集中优势兵力"办好一两所学校呢。

乙：当我们追求发展速度时，在一个短时间内，强调"效率优先，兼顾公平"是可以理解的；但从中国社会的整体和长远持续发展来看，还是要强调"公平优先，兼顾效率"。将差距扩大的趋势逐步扭转而不是继续加大，是我们当前处理问题的出发点。

甲：现在一些地区宣布了取消"重点校"、"重点班"，但是实际情况却远非如此。不知你是否见到媒体报道，在某市某部门工作的李女士说："我家附近的那所学校因为招不到学生都快被取消掉了，现在却要求我们就近入学，上这样的学校，孩子怎么能够受到好的教育？小学阶段就比别的孩子起点低，将来何谈竞争？"一位记者在该市采访时了解到，许多家长因为户口所在的地区没有好学校，早已迁了户口，有的甚至不惜花几十万元在"好学校"附近买了房。记者在采访中发现，A 市的某些著名中学，仍然保留了以往按照成绩对新入学的初中生进行分班的惯例，实际上还存在着"实验班"、"重点班"。

　　乙：看来，已经形成的"重点校"的优势地位，使教育差距客观存在，要想取消重点与非重点的差别并非一日之功。一些地方由于利益驱动，仍把有限的教育资源向"重点校"倾斜，进一步拉大校际差距。只要存在明显的教育差距，"择校"现象就不会消失。也有一些学校把"重点班"摇身一变，以"实验班"、"电教班"、"特长班"等形式出现。还有的总是舍不得这些"重点校"、"名校"的牌子，观念上扭转不过来。一出手就是老思路。这是过渡时期的必然现象，但也是必然要消亡的现象。

　　甲：你如此乐观？

　　乙：你得知道，这是"法"，已经被写进《中华人民共和国义务教育法》。2006 年 6 月 29 日全国人大常委会通过了修订后的《中华人民共和国义务教育法》明确规定："县级以上人民政府及其教育行政部门应当促进学校均衡发展，缩小学校之间办学条件的差距，不得将学校分为重点学校和非重点学校。学校不得分设重点班和非重点班。"这是新法中非常重要的"革命性"变化。

　　资料来源：王晋堂．关于"A 城市义务教育均衡发展路线图"的对话 [J]．人民教育，2006（24）．有改动．

结　语

教育涉及所有人，接受教育是每个人获得发展的基本前提。缩小不同群体发展差距，消除家庭贫困的代际传递，实现人的自由全面发展，首先要保障人人有受教育的机会。正基于此，我们说，教育公平是社会公平的重要基础，是最基本最重要的公平，是实现社会公平"最伟大的工具"。

——温家宝①

在现代社会，运用科学的方法和手段作出判断和制定决策已经日益成为政府宏观决策的基本要求，依靠经验和感觉进行判断和决策的时代已经过去。怎样判断教育发展的城乡之间、地区之间、学校之间和群体之间是否存在差距？存在多大的差距是合理的和可以接受的？一个重要的问题是要制定科学合理的教育公平指标体系，运用指标体系系统、客观地考察我国教育公平的水平和程度。目前，在我国，也已经有学者开始关注教育公平指标体系的研制和开发，并运用教育公平指标对我国的教育差距进行分析。但是，总体来说，作为对教育差距进行科学测量的重要工具，对于教育公平指标体系的研究还没有受到应有的重视，不仅政府决策部门没有运用工具分析教育差距的意识和行动，研究者也由于缺乏政府部门和社会组织的支持而"望之却步"。没有制定科学合理的教育公平指标体系，就无法准确、真实地把握我国教育发展的方向和程度，也无法有效地指导教育均衡发展的具体实践，因此，教育公平指标体系研究是教育公平研究不可或缺的重要领域之一。

由于个人精力、学业时间、研究经费以及专业能力的限制，本研究依据教育公平的基本内涵和特征，定位于在学校层面上，构建我国义务教育

---

① 温家宝总理 2010 年 7 月 13 日在全国教育工作会议上的讲话。

公平指标体系。而教育公平指标体系的研制和开发是一个长期的不断发展和完善的过程，笔者仅仅是针对义务教育阶段学校之间的差距做了一些研究，这只是教育公平指标研究领域的一小部分，并不完整，还有大量的相关研究工作有待完成。回顾整个研究过程，还存在诸多不足之处，尤其是实证研究部分，由于样本量太小，可能分析得不够深入全面。

在研究的过程中，笔者有这样几点感触。首先，指标体系是一个重要的测量工具，教育公平指标的研究对于科学认识和测量我国教育不公的现状，为政府决策部门提供信息咨询具有重大意义。因此，逐步建立一套符合中国国情、针对不同教育阶段以及体现地区差异的教育公平评价和监测指标体系是当前要确立的一个重要研究领域。其次，目前国内对于教育公平指标的研究意识还不强，也没有形成独立的研究领域，有系统、有组织的研究还很缺乏。再次，翔实的数据资料是指标体系具有可操作性的重要基础，我国教育统计体系的不健全是我国教育指标研究薄弱的重要原因之一。我国现有的官方的教育统计资料不完善，而对于个人来说，大规模地收集教育数据是不现实的。因此，大多数学者对于教育指标研究只能是"望而却步"。在这一方面，美国的教育管理体系就很值得我们参考和借鉴，美国的科学研究和政策制定都要依靠国家教育数据库（NCES），这不仅使政策法规的制定更加公正客观，而且能够使之具有一定的连贯性和可持续性。最后，教育公平指标的研究是一个浩大的系统工程，单凭学者个人的力量根本无法完成，政府不仅要给予相应的经济投入和技术支持，还要进一步拓宽教育信息收集渠道，鼓励教育以外的政府机构、私人部门为国家提供数据收集与处理、社会传播和决策咨询等服务，共同承担起为国家政府和社会提供信息服务的重任。

教育指标的研究是一个极其困难的研究领域，笔者之所以选择该领域进行研究，并不奢望此研究能够实现多么大的学术突破，获得多么大的学术成就，唯愿能够唤醒公众对于教育公平指标的研究意识，让更多的人认识到科学工具的重要性，让更多的人加入到这一研究行列中来，就达到了本研究的目的。至于论文本身，我更愿意把它当作一个开始，而不是一项研究的结束。教育公平指标的研制和开发是长期萦绕心头的一个深层困惑，仅仅一篇博士论文远远不能对这一问题进行详尽而透彻的阐释，在今后的工作和学习中，笔者一定会对教育公平指标问题继续加以关注，并进行深入研究。

附　　录

一、UNESCO2000 年《世界教育报告》中的教育指标①

一级指标	二级指标	三级指标
人口和国民生产总值	人口	总人口 人口增长率 6－14 岁人口数 受抚养人口（0－14 岁及 65 岁以上）比例 城市人口比例 出生时的预期寿命 总生育率 婴儿死亡率
	人均国民生产总值	人均国民生产总值年增长率 按同等购买力（PPP）计算的人均国民生产总值

---

①UNESCO：World Education Report ［R］．Paris：UNESCO，2000.

一级指标	二级指标	三级指标
识字、文化和传播	识字	不识字人口总数
		女性不识字人口比率
		15 岁以上不识字人口比率
		男性 15 岁以上不识字人口比率
		女性 15 岁以上不识字人口比率
		15 – 24 岁不识字人口比率
	文化和传播	每千人拥有报纸数
		每千人拥有收音机
		每千人拥有电视机数
		每千人拥有电话数
		每千人拥有的个人电脑数
		每 10 万拥有的可接入互联网的电脑数
学前教育的入学率和以后的入学机会	学前教育	总人口的毛入学率
		学前教育的男性毛入学率
		学前教育的女性毛入学率
	入学机会	初等教育男性毛入学率
		初等教育的女性毛入学率
		男性平均受教育年限
		女性平均受教育年限
初等教育现状	教育期限	义务教育年限
	人口	学龄人口数
	入学率	总人口的毛入学率
		男性毛入学率
		女性毛入学率
		总人口的净入学率
		男性净入学率
		女性净入学率

一级指标	二级指标	三级指标
初等教育：内部效率	留级生比率	总留级率
		男性留级比率
		女性留级比率
	同级学生能升入特定年级的比例	同一学龄人口达到 2 年级的比率
		男性同一学龄达到 2 年级的比率
		女性同一学龄达到 2 年级的比率
		同一学龄人口达到 5 年级的比率
		男性同一学龄达到 5 年级的比率
		女性同一学龄达到 5 年级的比率
中等教育现状	教育期限	中等教育期限
	人口	中等教育学龄人口总数
	入学率	总人口的毛入学率
		男性的毛入学率
		女性的毛入学率
		总人口的净入学率
		男性的净入学率
		女性的净入学率
学前、初等和中等教育的师资	生师比	学前教育生师比
		初等教育生师比
		中等普通教育生师比
	女性教师比率	学前教育女性教师比率
		初等教育女性教师比率
		中等普通教育女性教师比率
	教师人数	每千个非农业劳动力中的教师人数

一级指标	二级指标	三级指标
高 等 教 育 现状	在校生人数	每10万居民中的大学生数 专科学生占总学生数的比率 本科学生占总学生数的比率 研究生占总学生数的比率 女性专科学生占总学生数的比率 女性本科学生占总学生数的比率 女性研究生占总学生数的比率
	入学率	高等教育毛入学率 男性毛入学率 女性毛入学率
高 等 教 育： 学生分布	各专业的学 生分布比率	教育 人文 法律和社会科学 自然科学和工程 医药
	各专业中女 性学生比率	女性学生总的比率 教育 人文 法律和社会科学 自然科学、工程和农业 医药
		性别调整指数 *

续表

一级指标	二级指标	三级指标
私立学校教育与政府教育支出	私立学校的学生人数占学生总数的百分比	学前教育 初等教育 中等普通教育
	公共教育经费	公共教育经费占 GNP 的比率 公共教育经费占政府支出的比率 公共教育经费的平均年增长率 经常经费占经费总额的百分比
公共教育的经常性支出	教师工资占经常性支出的百分比	教师工资占经常性支出的百分比
	各级教育经常性支出占经常性总支出的百分比	学前教育与初等教育 中等教育 高等教育
	生均经常经费占人均 GNP 的百分比	学前教育与初等教育 中等教育 高等教育

　　＊如果所有高等教育的学习专业招收的男女生比例都要一样，而每个专业的招生总数又要保持不变，则有些学生需要调整学习专业，这些学生所占的百分比称为性别调整指数。

二、教育统计调查指标体系[①]

指标类别	一级指标	二级指标
1. 教育机构 （15 个指标）	基础教育机构 （5 个指标）	中学（完全中学、高中、初中）；小学；幼儿园；盲聋哑学校（盲校、聋哑学校）；工读学校
	中等职业技术教育机构（3 个指标）	中等专业学校；技工学校；职业学校（职业高中、职业初中）
	普通高等教育机构（2 个指标）	普通高等学校；科学研究单位
	成人教育机构 （5 个指标）	成人高等学校；成人中等专业学校；成人中学（成人高中、成人初中）；成人技术培训学校；成人初等学校
2. 教育对象 （16 个指标）		教学班；专业点；班额；招生；在校学生；留级生；休学；退学；转学；开除；死亡；毕业班学生；毕业生；结业生；学生考试成绩；基础教育普及
3. 教职工队伍 （7 个指标）		专任教师；兼任教师；代课教师；教辅人员；行政人员；工勤人员；科研机构人员

---

①张力．教育政策的信息基础——中国、新加坡、美国教育指标系统分析［M］．北京：高等教育出版社，2004：43.

指标类别	一级指标	二级指标
4. 教育经费投入（13 个指标）	教育事业费（6 个指标）	国家财政预算内教育事业费；各级政府用于征收用于教育的税、费；企业办学校教育经费；校办产业、勤工俭学和社会服务收入用于教育的经费；学费、杂费；捐资助学经费
	基本建设投资（7 个指标）	国家预算内投资；自筹投资；利用外资；建筑工程投资；设备购置投资；生产性建设投资；非生产性建设投资
5. 教育设施（22 个指标）	学校校舍、占地（10 个指标）	建筑总面积；危房面积；当年新增面积；正在施工面积；教学用房；行政用房；生活用房；福利用房；标准化校舍；学校占地面积
	教学仪器、设备（10 个指标）	仪器仪表；机电设备；电子设备；印刷机械；卫生医疗器械；文体设备；标本模型；文物及陈列品；工具量具及器皿；家具
	图书（2 个指标）	藏书；当年新增图书
6. 科学技术活动（9 个指标）		研究与发展机构；计划课题；研究与发展课题；鉴定成果；获奖成果；科学论文；科技专著；专利；技术转让
7. 勤工俭学活动（8 个指标）		土地面积；学农基地；工厂数；第三产业数；农业总产值；工业总产值；勤工俭学受益；收益分配

三、教育评价与监测指标体系①

指标类别	指标名称
1. 综合教育程度（10 个指标）	教育总投入占 GNP 的比重；职前学校教育投入占 GNP 的比重；非职前学校教育投入占 GNP 的比重；15 岁及以上人口平均受教育年限；15 岁及以上人口文盲率；小学学龄人口平均期望受教育年限；新生文盲率；未成年中（小）学生犯罪率；中（小）学生近视率；中（小）学生非正常死亡率
2. 国民接受学校教育状况（28 个指标）	学龄人口在校率；学龄人口入学率；毛入学率；在校学生留级率；在校学生辍学率；中（小）学生年级保留率；考试全科及格率；考试平均及格率；毕业班学生毕业率；学生按时毕业率；毕业生升学率；小学（初中）毕业普及率；义务教育普及率；基础教育普及率；学校平均规模；中（小）学平均班额；中（小）学超额大班比重；中（小）学特小班比重；小学复式班比重；初中后职业技术教育覆盖率；初中阶段职业技术培训覆盖率；在职教育年覆盖率；初中后职业技术培训的平均年限；专业点平均规模（招生或在校生）；规模过小专业点比重；学生体育锻炼达标率；自然科学教学实验开出率；生产劳动课开出率

---

①张力. 教育政策的信息基础——中国、新加坡、美国教育指标系统分析 ［M］. 北京：高等教育出版社，2004：43－44.

续表

指标类别	指标名称
3. 学校办学条件 （38 个指标）	师资（12 个指标）：专任教师岗位合格率；专任教师学历合格率；小学专任教师专科学历达标率；小学新任专任教师专科学历达标率；初中专任教师本科学历达标率；初中新任教师本科学历达标率；高级技术职务专任教师比重；专任教师平均任教年限；学生与教职工笔；生师比；专任教师中师范毕业教师比重；师范毕业生到位率 学校校舍、占地（8 个指标）：生均校舍建筑面积；中（小）学校标准化校舍比重；中（小）学校校舍标准化学校比重；实验室、图书馆（室）建筑达标率；体育场（馆）面积达标率；生产劳动场所达标率；住校生生均宿舍面积；生均学校占地面积 教育经费（9 个指标）：教育财政支出占 GNP 的比重；政府财政支出中教育支出的比重；生均预算内教育经费；生均教育经费指数；生均教育事业费；图书购置费比重；公用经费比重；教师平均工资；教师工资水平指数 学校教学仪器、设备实验（9 个指标）：理科教学仪器设备达标率；体育器材配备达标率；音乐教学设备配备达标率；美术教学设备达标率；图书资料配备达标；小学办公家具设备配备达标；卫生室医疗卫生器械配备达标率；小学仪器、设备配备综合达标率；学校办学条件综合达标率
4. 教育科学研究 （1 个指标）	学校科研人员比重

四、教育统计指标与教育评价指标的对比[①]

教育统计指标	教育评价指标
侧重反映教育机构、教育对象、教职工队伍、教育经费、教育设施、学校科研、勤工俭学和校办企业等	侧重反映教学质量、学科专业能力、学业能力资格、学术水平、教育内外部关系、智力和非智力因素、管理效率、人际关系、价值判断等
多为数量化指标	既有数量化指标，又有定性指标
经国家统计局批准或备案，列入年度常规统计工作程序取得全体数据	多为调查类型，调查用时不定，多为一次性样本数据，少数属于年度追踪调查（有限时间）
普查到学校和个人，有法定保障	多为抽样调查，多为无法定效力
有固定的专职统计人员网络	多为按专题组成的项目组或课题组
收集处理数据的人财物力成本高	收集处理数据的人财物力成本较低
国家和省级已实行计算机建库汇总，绝大多数地、市级可以计算机处理数据，部分县级可以计算机处理数据	根据调查需要，一般借助计算机处理分析数据
部分指标信度和效度不高，系统误差和偶然误差可以估计，但不易控制	指标专题性强，容易控制系统误差和偶然误差
不同年度同类指标可比性强	不同年度和范围的同类指标可比性弱
每年发布统计公报，出版统计年鉴	调查成果以论文、报告等不同形式发表

①张力. 教育政策的信息基础——中国、新加坡、美国教育指标系统分析［M］. 北京：高等教育出版社，2004：55.

五、学生基本情况调查问卷

亲爱的同学们，大家好！这次调查的目的仅仅是为了了解学生们学习生活方面的一些基本状况，不会对你们造成任何的影响，请你们如实回答，谢谢合作！

1. 年级：＿＿＿＿＿＿

2. 性别：＿＿＿＿＿＿

3. 年龄：＿＿＿＿＿＿

4. 家庭所在地：

    A. 城市   B. 县镇   C. 农村

5. 是否是择校生：

    A. 是   B. 否   C. 不知道

6. 是否留过级：

    A. 留过   B. 没留过

7. 父母受教育程度＿＿＿＿＿＿

父亲：

A. 小学毕业

B. 初中毕业

C. 高中毕业（包括中专）

D. 大学毕业（包括大专）

E. 硕士研究生毕业

F. 博士研究生毕业

母亲：

A. 小学毕业

B. 初中毕业

C. 高中毕业（包括中专）

D. 大学毕业（包括大专）

E. 硕士研究生毕业

F. 博士研究生毕业

8. 父母职业状况＿＿＿＿
　　父亲：
　　A. 国家与社会管理者
　　B. 经理人员
　　C. 私营企业主
　　D. 专业技术人员
　　E. 办事人员
　　F. 个体
　　G. 服务人员
　　H. 工人
　　I. 农民
　　J. 无业、待业或下岗
　　母亲：
　　A. 国家与社会管理者
　　B. 经理人员
　　C. 私营企业主
　　D. 专业技术人员
　　E. 办事人员
　　F. 个体
　　G. 服务人员
　　H. 工人
　　I. 农民
　　J. 无业、待业或下岗

9. 家庭月平均收入＿＿＿＿
　　A. 500 元以下
　　B. 500 – 1500 元
　　C. 1500 – 2500 元
　　D. 2500 – 3500 元
　　E. 3500 – 5000 元
　　F. 5000 元以上

10. 你最近一次模拟考试的成绩是_____

    A. 语文_____　　　　B. 数学_____　　　　C. 英语_____

11. 对于学校的学习生活你的基本感受是_____

    A. 很不满意　　　　B. 不满意　　　　C. 没感觉

    D. 满意　　　　E. 非常满意

12. 你认为目前学校还应该在哪些方面作出改进_____

    A. 校园环境

    B. 教师素质

    C. 教学设备

    D. 学校收费

    E. 其他_____

六、学校基本情况访谈提纲

1. 学校类别：
    A. 普通学校
    B. 重点学校

2. 学校的基本设施情况：
    学校占地面积_____
    校舍建筑面积_____
    学校绿地面积_____
    学校体育运动场（馆）面积_____

3. 学生的基本情况：
    学生总人数_____
    学生性别比_____
    每班学生数_____
    升学率_____
    辍学率_____
    留级率_____

4. 教师的基本情况：
    教师总人数_____
    专任教师数_____
    教师学历分布情况_____
    教师的职称分布情况_____
    教师每年的培训情况_____
    教师月基本工资_____

5. 学校的办学条件：
    学校拥有的图书总数_____
    图书开架率_____
    图书借阅率_____
    学校的仪器设备总值_____

学校拥有的计算机台数_____

多媒体使用情况_____

6. 教育经费的实际到位情况和使用情况：

经费收入情况：

教育拨款_____

择校费_____

校办产业收入_____

其他收入_____

经费支出情况：

生均教育经费_____

生均教育事业费_____

生均公用经费_____

7. 有没有专门设立对贫困学生的救助措施，实施情况怎么样？

8. 学校目前面临的最大困难是什么？

主要参考文献

【中文类】

阿马蒂亚·森. 以自由看待发展［M］. 任颐，于真，译. 北京：中国人民
　大学出版社，2002.

鲍传友. 转型时期我国义务教育公平的内涵与政策取向［J］. 教育科学，
　2007（5）.

陈维荣. 论社会公平［M］. 兰州：甘肃人民出版社，2005.

陈文讲，周亚平. 社会公平：构建和谐社会的重要推动力量［J］. 甘肃社
　会科学，2006（2）.

陈学军. OECD教育指标体系概念框架及其内容的演变与发展［J］. 比较教
　育研究，2006（8）.

陈中原. 中国教育平等初探［M］. 广州：广东教育出版社，2004.

楚江亭. 关于构建我国教育发展指标体系的思考［J］. 中国教育学刊，2002
　（2）.

褚宏启. 关于教育公平的几个基本理论问题［J］. 中国教育学刊，2007
　（12）.

但昭彬，李炎芳. 关于构建小康社会指标体系的思考［J］. 中国教育学刊，
　2003（11）.

丁钢. 中国教育：研究与评论. 第9辑［M］. 北京：教育科学出版
　社，2005.

杜东东. 义务教育均衡发展问题研究 [J]. 江西教育科研, 2007 (9).

杜育红. 教育发展不平衡研究 [M]. 北京: 北京师范大学出版社, 2000.

范柏乃. 我国城市居民生活质量评价体系的构建与实际测度 [J]. 浙江大学学报 (人文社科版), 2006 (4).

冯建军. 论教育公正中的补偿原则 [J]. 教育导刊, 2007 (10).

顾明远. 公平而差异是基础教育的必然选择 [J]. 上海教育科研, 2007 (9).

顾明远. 教育大辞典·教育哲学卷 [M]. 上海: 上海教育出版社, 1992.

郭彩琴. 教育公平论: 西方教育公平理论的哲学考察 [M]. 徐州: 中国矿业大学出版社, 2004.

国家教育督导团. 国家教育督导报告 2005——义务教育均衡发展: 公共教育资源配置状况 [J]. 教育发展研究, 2006 (5A).

国家教育发展研究中心. 2006 年中国教育绿皮书——中国教育政策年度分析报告 [M]. 北京: 教育科学出版社, 2006.

国家统计局人口和社会科技统计司. 中国社会统计资料–2000 [M]. 北京: 中国统计出版社, 2000.

何怀宏. 公平的正义——解读罗尔斯《正义论》 [M]. 济南: 山东人民出版社, 2002.

贺武华, 杨小芳. 薄弱学校发展困境的社会学解释 [J]. 教育发展研究, 2006 (7B).

胡瑞文. 市场经济条件下教育机会均等的有限目标 [J]. 上海高教研究, 1998 (12).

胡婷. 中国教育公平与效率问题初探 [J]. 教育理论与实践, 1997 (3).

华桦, 蒋瑾. 教育公平论 [M]. 天津: 天津教育出版社, 2006.

简茂发, 李琪明. 当代教育指标——国际比较观点 [M]. 台北: 学富文化事业有限公司, 2001.

蒋鸣和. 市场经济与教育财政改革 [J]. 教育研究, 1995 (2).

蒋鸣和. 中国县级教育财政的模式 [R]. 大连: 中国教育财政政策研讨会论文. 1992.

蒋鸣和. 中国义务教育发展县际差距的估计［R］. 上海：教育指标与政策分析国际研讨会论文. 1999.

金久仁. 我国义务教育阶段学校差距问题研究［J］. 江西教育科研，2007（5）.

金一鸣. 教育社会学［M］. 南京：江苏教育出版社，2000.

经济合作与发展组织. 教育政策分析2003［M］. 北京：教育科学出版社，2006.

劳凯声. 变革社会中的教育权与受教育权：教育法学基本问题研究［M］. 北京：教育科学出版社，2003.

雷虹. 我国义务教育指标体系存在的若干问题分析［J］. 教育科学研究，2006（9）.

李冬民. 社会指标运动导论［M］. 北京：中国档案出版社，1996.

李海涛. 我国教育不平等评价指标体系的构建［J］. 统计与决策，2006（12）.

李江源，王蜜. 论教育机会均等［J］. 河北师范大学学报（教科版），2007（4）.

李介. 教育公平论［M］. 兰州：甘肃人民出版社，2003.

李孔珍，张力. 专家视野中的区域教育发展策略与西部教育政策——运用德尔斐咨询法进行的调查分析［J］. 教育研究，2006（4）.

李培林. 中国小康社会［M］. 北京：社会科学文献出版社，2003.

李清富. 平等还是公正？——试论罗尔斯的教育哲学观［J］. 外国教育研究，2006（3）.

李协京. 日本教育财政制度和教育立法的若干考察——教育均衡化发展的制度环境［J］. 外国教育研究，2004（3）.

李迎生. 弱势儿童的社会保护：社会政策的视角［J］. 西北师范大学学报（社科版），2006（3）.

李迎生. 社会政策与社会和谐［J］. 教学与研究，2005（12）.

厉以贤. 西方教育社会学文选［M］. 台北：五南图书出版有限公司，1992.

联合国教科文组织国际教育发展委员会. 学会生存——教育世界的今天和明

天 [M]. 上海: 上海译文出版社, 1982.

刘复兴. 教育政策的价值分析 [M]. 北京: 教育科学出版社, 2003.

刘复兴. 我国教育政策的公平性与公平机制 [J]. 教育研究, 2002 (10).

刘晖, 熊明. 城市教育现代化指标体系的构建 [J]. 教育发展研究, 2007 (9A).

刘慧珍. 社会阶层分化与高等教育机会均等 [J]. 北京师范大学学报 (社科版), 2007 (1).

刘建银, 安宝生. 教育指标理论研究的几个基本问题 [J]. 中国教育学刊, 2007 (9).

刘精明. 国家、社会阶层与教育: 教育获得的社会学研究 [M]. 北京: 中国人民大学出版社, 2005.

刘明堂. OECD 教育发展指标的历史透视与现实分析 [D]. 北京: 北京师范大学教育学院, 2001.

柳海民, 段丽华. 教育公平: 教育发展质与量的双重度量——兼论我国的教育公平问题及对策 [J]. 东北师范大学学报 (哲社版), 2002 (5).

柳海民. 义务教育均衡发展的理论与对策研究 [M]. 长春: 东北师范大学出版社, 2007.

卢宝祥. "和谐社会" 视野中的教育竞争秩序 [J]. 教育理论与实践, 2006 (10).

卢乃桂, 许庆豫. 我国 90 年代学校分层及其教育平等效应分析 [J]. 教育研究与实验, 2001 (4).

罗西, 吉尔马丁. 社会指标导论——缘起、特性及分析 [M]. 李明, 赵文璋, 译. 台北: 明德基金会生活素质研究中心, 1985.

马艾云, 李保江. 县域教师流动机制实施框架——城乡义务教育均衡发展的一种构想 [J]. 当代教育科学, 2007 (9).

马凤岐. 受教育机会平等: 不同的标准 [J]. 教育学报, 2006 (5).

马和民. 新编教育社会学 [M]. 上海: 华东师范大学出版社, 2002.

马晓强. "科尔曼报告" 述评 [J]. 教育研究, 2006 (6).

迈克尔·W. 阿普尔. 文化政治与教育 [M]. 阎光才, 译. 北京: 教育科学出版社，2005.

梅松，齐心. 和谐社会评价指标体系的构建 [J]. 北京社会科学，2006
（1）.

闵维方. 探索教育改革：经济学和管理政策的视角 [M]. 北京：教育科学
出版社，2005.

莫琳·T. 哈里楠. 教育社会学手册 [M]. 傅松涛，等，译. 上海：华东师
范大学出版社，2004.

涅崇信，朱秀贤. 论民主 [M]. 北京：商务印书馆，2004.

钱民辉. 对国外教育社会学知识体系的思考 [J]. 北京大学学报（哲社
版），2003（1）.

钱民辉. 教育社会学——现代性的思考和建构 [M]. 北京：北京大学出版
社，2004.

钱扑. 冲突论及其教育目的功能观——对一种教育社会学理论流派的剖析
[J]. 外国教育资料，1999（4）.

钱志亮. 社会转型时期的教育公平问题 [J]. 教育理论与实践，2001
（2）.

秦玉友. 教育指标领域基本问题反思与探究 [J]. 当代教育科学，2005
（8）.

邱白莉. 教育现代化指标体系比较研究 [D]. 南京：南京师范大学，2006.

沈有禄. 教师资源配置差异的实证研究 [J]. 上海教育科研，2007（10）.

盛冰. 社会资本与文化资本视野下的现代学校制度变革 [J]. 教育研究，
2006（1）.

盛世明. 浅谈不公平程度的度量方法 [J]. 统计与决策，2004（2）.

石中英. 教育机会均等的内涵及其政策意义 [J]. 北京大学教育评论，2007
（4）.

世界银行. 2000/2001 年世界发展报告：与贫困作斗争 [M]. 北京：中国财
经出版社，2001.

世界银行. 2006 年世界发展报告：公平与发展 [M]. 北京：清华大学出版
社，2006.

斯蒂芬·鲍尔.政治与教育政策制定——政策社会学探索 [M].王玉秋，等，译.上海：华东师范大学出版社，2003.

孙霄兵，孟庆瑜.教育的公正与利益——中外教育经济政策研究 [M].上海：华东师范大学出版社，2004.

孙霄兵.受教育权法理学：一种历史哲学的范式 [M].北京：教育科学出版社，2003.

孙艳霞.构建适应农村教育发展的指标体系——"我国农村教育发展现状调查及农村教育发展指标体系研究"开题会议述评 [J].当代教育科学，2004（11）.

孙艳霞.经济合作与发展组织 2004 年教育指标研究及启示 [J].世界教育信息，2005（12）.

孙志麟.国民教育指标体系建构之研究 [J].国立台北师范学院学报，1989（13）.

孙志麟.教育指标的概念模式 [J].教育政策论坛，1989（1）.

谈松华，袁本涛.教育现代化衡量指标问题的探讨 [J].清华大学教育研究，2001（1）.

唐娜·伊玛·茜.学校与课堂中的改革与抗拒：基于学校联合体的一项人种志考察 [M].白芸，等，译.上海：华东师范大学出版社，2005.

唐忠，崔国胜.北京义务教育非均衡发展的实证分析 [J].北京社会科学，2006（2）.

陶西平.树立科学的教育公平观 [J].中国教育学刊，2007（10）.

涂尔干.社会学方法的准则 [M].狄玉明，译.北京：商务印书馆，1995.

万明钢."积极差别待遇"与"教育优先区"的理论构想——西部少数民族贫困地区教育发展途径探索 [J].教育研究，2002（5）.

汪明.义务教育均衡发展与若干保障机制 [J].新华文摘，2006（4）.

汪青松.试析当前效率与公平关系的新定位 [J].政治学研究，2000（2）.

王保进.教育指标基本概念之分析 [J].教育研究信息，1995（5）.

王晋堂.关于"A 城市义务教育均衡发展路线图"的对话 [J].人民教育，

2006（24）.

王蓉. 我国义务教育投入之公平性研究［J］. 经济学季刊，2003（2）.

王善迈，杜育红，刘远新. 我国教育发展不平衡的实证分析［J］. 教育研究，1998（6）.

王思斌. 社会政策视角下的城乡协调发展与和谐社会建设［J］. 河北学刊，2006（1）.

王唯. OECD 教育指标体系对我国教育指标体系的启示——OECD 教育指标在北京地区实测研究［J］. 中国教育学刊，2003（1）.

王莹. 教育中的政府干预［M］. 北京：中国财政经济出版社，2002.

王绽蕊. 京津沪教育实力在世界的位置——几个教育指标的比较［J］. 比较教育研究，2001（5）.

王绽蕊. 区域教育发达程度衡量指标体系的构建［J］. 教育发展研究，2000（12）.

卫宏. 我国城乡高等教育机会均等的实证研究［D］. 北京：北京师范大学，2003.

翁文艳. 教育公平与学校选择制度［M］. 北京：北京师范大学出版社，2005.

翁文艳. 我国城市小学家长教育公平观的实证研究［J］. 中国教育学刊，2007（5）.

翁文艳. 西方教育公平理论述评［J］. 教育科学，2000（2）.

沃尔特·范伯格，乔纳斯·F. 索尔蒂斯. 学校与社会［M］. 李奇，译. 北京：教育科学出版社，2006.

邬志辉. 教育全球化——中国的视点与问题［M］. 上海：华东师范大学出版社，2004.

邬志辉. 教育指标：概念的争议［J］. 东北师范大学学报（哲社版），2007（4）.

邬志辉. 中国教育现代化新视野［M］. 长春：东北师范大学出版社，2001.

吴春霞. 中国义务教育公平状况的实证研究［J］. 江西教育科研，2007（10）.

吴德刚. 关于构建教育公平机制的思考 [J]. 教育研究, 2006 (1).

吴宏超, 叶忠. 校际落差与义务教育公平 [J]. 河北师范大学学报 (教科版), 2003 (2).

夏德志. 浅议全面小康社会的教育指标实施问题 [J]. 巢湖学院学报, 2005 (6).

夏文斌. 公平, 效率与当代社会发展 [M]. 北京: 北京大学出版社, 2006.

夏正江. 教育理论哲学基础的反思——关于"人"的问题 [M]. 上海: 上海教育出版社, 2002.

谢维和. 教育活动的社会学分析——一种教育社会学的研究 [M]. 北京: 教育科学出版社, 2000.

熊春文. 论教育公平与社会公平——基于帕森斯理论视角的一个反思 [J]. 中国教育学刊, 2007 (7).

徐玲. 国际教育指标体系的分析与思考 [J]. 教育科学, 2004 (2).

徐玲. 教育现代化指标体系研究——我国经济发达地区的实证分析 [D]. 北京: 北京师范大学, 2003.

杨东平, 周金燕. 我国教育公平评价指标初探 [J]. 教育研究, 2003 (11).

杨东平. 对我国教育公平问题的认识与思考 [J]. 教育发展研究, 2000 (8-9).

杨东平. 公平的发展: 一种新的教育发展观 [J]. 江苏高教, 2007 (1).

杨东平. 教育公平是一个独立的发展目标——辨析教育的公平与效率 [J]. 教育研究, 2004 (7).

杨东平. 中国教育公平的理想与现实 [M]. 北京: 北京大学出版社, 2006.

杨明. 中国教育离现代化目标有多远 [J]. 教育发展研究, 2000 (8).

杨润勇, 刘洪翔. 义务教育与教育公平新论 [J]. 中国教育学刊, 2004 (12).

杨善华. 当代西方社会学理论 [M]. 北京: 北京大学出版社, 1999.

杨颖秀. 基础教育生均预算内公用经费支出的基尼系数考察 [J]. 教育研究, 2005 (9).

杨跃. 关于学校社会资本的理论思考 [J]. 学海, 2004 (5).

叶清如. 经济与教育: 12 城市教育实力比较 [J]. 中共宁波市委党校学报, 2001 (5).

叶玉华. 教育均衡化的国际比较与政策研究 [J]. 教育研究, 2003 (11).

叶忠. 义务教育阶段区域内公办学校差距分析 [J]. 教育导刊, 2007 (3).

伊恩·迈尔斯. 人的发展与社会指标 [M]. 重庆: 重庆大学出版社, 1992.

友田正泰. 教育社会学 [M]. 宋明顺, 译. 台北: 水牛图书事业有限公司, 1980.

于伟, 张力跃, 李伯玲. 我国欠发达地区农村教师队伍建设中的结构性困境与破解 [J]. 教育研究, 2007 (3).

余秀兰. 教育改革与教育公平 [J]. 江苏高教, 2007 (1).

余秀兰. 中国教育的城乡差距——一种文化再生产现象的分析 [M]. 北京: 教育科学出版社, 2004.

袁振国. 建立教育发展均衡系数, 切实推进教育均衡发展 [J]. 人民教育, 2003 (6).

袁振国. 教育政策学 [M]. 南京: 江苏教育出版社, 1998.

袁振国. 论中国教育政策的转变: 对我国重点中学平等与效益的个案研究 [M]. 广州: 广东教育出版社, 1999.

袁振国. 缩小差距: 中国教育政策的重大命题 [M]. 北京: 人民教育出版社, 2005.

袁振国. 中国教育政策评论 2003 [M]. 北京: 教育科学出版社, 2003.

约翰·罗尔斯. 正义论 [M]. 何怀宏, 译. 北京: 中国社会科学出版社, 1988.

岳洪江, 严全治. 我国地区教育程度指标差距问题研究 [J]. 教育与经济, 2002 (3).

曾满超, 丁延庆. 中国义务教育资源利用及配置不均衡研究 [J]. 教育与经济, 2005 (2).

曾满超. 教育政策的经济分析 [M]. 北京: 人民教育出版社, 2000.

翟博．教育均衡发展：理论、指标及测算方法［J］．教育研究，2005（3）．

翟博．中国基础教育均衡发展实证研究［J］．教育研究，2007（7）．

占建青．我国实现义务教育机会均等存在的问题与对策［J］．宁波大学学报（教科版），2003（3）．

张长征，郇志坚，李怀祖．中国教育公平程度实证研究：1978—2004——基于教育基尼系数的测算与分析［J］．清华大学教育评论，2006（4）．

张芳全．教育发展指标的建构与应用［M］．台北：心理出版社股份有限公司，2006．

张芳全．教育政策指标研究［M］．台北：五南图书出版股份有限公司，2006．

张国，林善浪．中国发展问题报告［M］．北京：中国社会科学出版社，2001．

张国强．OECD教育发展指标体系分析及启示——以《教育概览：OECD指标（2003）》为例［J］．外国教育研究，2006（11）．

张绘．我国义务教育校际资源分配不公平现象的现状、原因及对策［J］．教育发展研究，2007（9A）．

张锦华．关于中国教育平等的多维度思考［J］．教育理论与实践，2007（9）．

张锦华．基于SST指数的中国农村教育贫困分析［J］．中国农村观察，2005（5）．

张力．教育政策的信息基础——中国、新加坡、美国教育指标系统分析［M］．北京：高等教育出版社，2004．

张力．面向贫困——中国贫困地区教育发展的背景、现状、对策［M］．桂林：广西教育出版社，1998．

张培，刘兰玲．欧盟学校教育质量指标及对我国的启示［J］．外国教育研究，2004（6）．

张人杰．国外教育社会学基本文选［M］．上海：华东师范大学出版社，1889．

张天雪. 我国基础教育十五年：基于统计公报的分析 [J]. 教育科学，2007 （3）.

张雅君. 教育起点的不公平与学校教育公平的实现 [J]. 常州工学院学报 （社科版），2007 （2）.

张玉林. 分级办学制度下的教育资源分配与城乡教育差距——关于教育机会 均等问题的政治经济学探讨 [J]. 中国农村观察，2003 （1）.

张琢，马福云. 发展社会学 [M]. 北京：中国社会科学出版社，2001.

珍妮·H. 巴兰坦. 教育社会学：一种系统分析法 [M]. 朱志勇，范晓慧， 译. 南京：江苏教育出版社，2005.

郑杭生. 社会指标理论研究 [M]. 北京：中国人民大学出版社，1989.

郑新蓉. 公共教育的平等理念与制度 [J]. 教育研究与实验，2000 （8）.

郑子莹. 统一办学条件标准 保障义务教育底线公平 [J]. 重庆工学院学 报，2005 （9）.

中国大百科全书总编辑委员会. 中国大百科全书·社会学卷[M].北京：中 国大百科全书出版社，1991.

中国教育与人力资源问题报告课题组. 从人口大国迈向人力资源强国[M]. 北京：高等教育出版社，2003.

中央教育科学研究所课题组. 关于发达地区基础教育现代化发展水平若干指 标的思考 [J]. 教育研究，2001 （10）.

周长明. 社会公正：认识和对待社会弱势群体的重要维度 [J]. 天府新论， 2005 （2）.

周浩波. 教育哲学 [M]. 北京：人民教育出版社，2000.

周金燕. 我国教育公平指标体系的建立 [J]. 教育科学，2006 （1）.

朱家存. 教育均衡发展政策研究 [M]. 北京：中国社会科学出版社，2003.

朱庆芳，吴寒光. 社会指标体系 [M]. 北京：中国社会科学出版社，2001.

朱庆芳. 社会指标的应用 [M]. 北京：中国统计出版社，1992.

朱迎春，周志刚. 从教育公平原则看中国城乡教育差距 [J]. 教育理论与 实践，2006 （4）.

朱志勇. 教育社会学的功能论和冲突论——兼论两种理论对我国教育现状的

解释 [J]. 上海教育科研, 1997 (6).

俎媛媛. 我国教育的城乡差异研究——一种文化再生产的视角 [J]. 教育理论与实践, 2006 (10).

【外文类】

Ariane Baye, Marc Demeuse, etc. A Set of Indicators to Measure Equity in 25 European Union Education Systems [R]. London: Project Supported by the European Commission Directorate General of Education Culture Socrates Programme 2006.

Blanden J and Machin S. Educational Inequality and the Expansion of UK Higher Education [J]. Scottish Journal of Political Economy, 2004, 51 (2).

Croxford L and Paterson L. Trends in Social Class Segregation between Schools in England, Wales and Scotland since 1984 [J]. Research Papers in Education, 2006, 21 (4).

Elliott, E. J. Education counts: An indicator system to monitor the nation's educational health [R]. Washington, D. C.: Acting Commissioner of Education Statistics, 1991.

Fabio D. Waltenberg. Defining Educational Justice by Means of Theories of Justice and Welfare Economics [EB/OL] (2005 – 04 – 14) http://www. girsef. ucl. ac. be/CREF. html.

Gretchen Guiton, Jeannie Oakes. Opportunity to Learn and Conceptions of Educational Equality [J]. Educational Evaluation and Policy Analysis, 1995, 17 (3).

Harold Wenglinsky, Finance Equalization and Within-School Equity: The Relationship between Education Spending and the Social Distribution of Achievement [J]. Educational Evaluation and Policy Analysis, 1998, 20 (4).

Hutmacher W. In Pursuit of Equity in Education: Using International Indicator to Compare Equity Polices [M]. Washington, D. L.: Springer Netherlands, 2001.

James N. Johnstone. Indicators of education system [M]. Paris: UNESCO, 1981.

Joel D. Sherman. Equity in School Finance: A Cross – National Perspective [J]. Educational Evaluation and Policy Analysis, 1981, 3 (1).

Kenneth A. Strike. Is There a Conflict between Equity and Excellence? [J]. Educational Evaluation and Policy Analysis, 1985, 7 (4).

Messina, G. Estado del arte de la igualdad de genero en la education basica de America Latina (1990 – 2000) [R]. Bolivia: Paper presented in the 7th UNESCO-PROMEDLAC, Bolivia, 2001.

M. Tsang. Costs of Education in China: Issues of Resource Mobilization, Equality, Equity and Efficiency [J]. Education Economics, 1994, 2 (3).

National Center for Education Statistics. The condition of education 2000 [R]. Washington, D. C.: Government Printing Office, 2000.

Nicholas C. Burbules, Brian T. Lord, Ann L. Sherman. Equity, Equal Opportunity, and Education [J]. Educational Evaluation and Policy Analysis, Vol. 4, No. 2, 1982.

OECD. Education at a Glance: The OECD Indicators [R]. Paris: OECD, 2001.

OECD. Education at a Glance: The OECD Indicators [R]. Paris: OECD, 2005.

Paula Louzano. Developing Educational Equity Indicators in Latin America [R]. Boston: Harvard University Graduate School of Education A – 997 Field Experience Program, 2001.

Richard J. Murnane. Improving Education Indicators and Economic Indicators: The Same Problems? [J]. Educational Evaluation and Policy Analysis, 1987, 9 (2).

Robert Berne, Leanna Stiefel. Measuring Equity at the School Level: The Finance Perspective [J]. Educational Evaluation and Policy Analysis, 1994, 16 (4).

R. W. McMeekin. Education Statistics in Latin America and the Caribbean [EB/OL]. http://idbdocs. iadb. org/wsdocs/getdocument. aspx? docnum =822549.

Sen. A. Inequality reexamined [M]. Oxford: Oxford University Press, 1992.

Seth Spaulding, Ranjan Chaudhuri: UNESCO's World Education Report: its evolution, strengths and possible futures [J]. International Journal of Educational Development, 1999 (19).

UNESCO. World Education Report [R]. Paris: UNESCO, 2000.

UNESCO. Education Indicator Regional Project 2000 [EB/OL]. (2001 – 11 – 08) http: //www. unesco. cl/esp.

UNESCO. Global Monitoring Report 1999 [R]. Paris: UNESCO, 1999.

Vinod Thomas, Yang Wang and Xibo Fan. A New Dataset on Inequality in Education: Gini and Theil Indices of Schooling for 140 Countries, 1960 – 2000 [EB/OL]. http: //www33. brinkster. com/yanwang2/EducGini – revised10 – 25 – 02. pdf, October 25, 2002. Mimeo, The World Bank.

Vinod Thomas, Yang Wang, and Xibo Fan. Measuring Education Inequality: Gini Coefficients of Education [EB/OL]. (2000 – 12 – 15) http: //www. world-Bank. orgldevforum/foram-9093. html.

Walo Hutmacher, Douglas Cochrane and Norberto Bottani (eds.) . In pursuit of equity in education: using international indicators to compare equity policies [M]. Dordrecht/ Boston /London: Kluwer Academic Publishers, 2001.

Wolfe B & Haveman R. Accounting for the Social and Nonmarket Benefits of Education [M]. Wisconsin: University of Wisconsin-Madison, 2000.